U0465247

魂脉与根脉

强国复兴的精神支柱和文化底座

李冉 著

中国青年出版社

目　录

导　言　为什么这是一个需要"魂脉"和"根脉"的时代？ - 001
　　一、这是一个固国本、承国运的时代 - 003
　　二、这是一个因应社会形态之变的时代 - 007
　　三、这是一个彻底破解"古今中西之争"的时代 - 012
　　四、这是一个需要思想解放的时代 - 017

第一章　马克思主义何以为"魂脉"？ - 024
　　一、揭示人类社会发展规律的真经 - 026
　　二、洞悉社会主义建设规律的指南 - 033
　　三、把握共产党执政规律的理论武器 - 040

第二章　中华优秀传统文化何以为"根脉"？ - 050
　　一、中华民族的精神命脉 - 052
　　二、中国特色社会主义的文化沃土 - 061
　　三、世界文化激荡中站稳脚跟的坚实根基 - 071

第三章 "魂脉"与"根脉"何以高度契合？ - 081

    一、社会追求的相通 - 084

    二、哲学思辨的相合 - 089

    三、治理思想的相融 - 096

    四、道德观念的相联 - 101

第四章 "魂脉"与"根脉"如何互相成就？ - 107

    一、让马克思主义成为中国的 - 108

    二、让中华优秀传统文化成为现代的 - 118

    三、在互相成就中发挥显著作用 - 129

第五章 经由结合而生的是怎样的"新的文化生命体"？ - 143

    一、破解现代化的发展迷思 - 145

    二、呈现中华文明的生命更新 - 152

    三、彰显人类文明的进步方向 - 158

第六章 如何更好担负起新时代新的文化使命？ - 168

    一、在坚定文化自信中实现自强 - 170

    二、在秉持开放包容中焕发活力 - 182

    三、在坚持守正创新中谱写华章 - 193

结 语 - 205

导 言

为什么这是一个需要"魂脉"和"根脉"的时代?

这个时代的形成与未来,是历史必然性与时代不确定性共同作用的结果。一方面,中国共产党和中国人民的百年奋斗铸造了中华民族伟大复兴的当前样态。历史和实践已经证明,没有中国共产党,就没有新中国,就没有中华民族伟大复兴。中国共产党百年以来的不懈奋斗,从根本上改变了中国人民的前途命运,开辟了实现中华民族伟大复兴的正确道路,展示了马克思主义的强大生命力,深刻影响了世界历史进程,也锻造了走在时代前列的中国共产党,为强国复兴奠定了坚实的物质基础、思想准备与精神条件，使民族复兴展现出前所未有的光明前景。另一方面，当下国内外环境日益复杂，实现民族复兴任务，困难挑战和不确定性显著增强。在"两个大局"加速演进并深度互动的背景下，如何在不确定性日益增强的时代洪流中站稳脚跟，如何解决好一系列长期积累的及新型的矛盾与问题，因应中国与世界的时代之问与未来之问，这对中国共产党人提出了全新的要求。

身处这个机遇与风险并存的时代，我们需要有一个慎重而理性的判断，这个最重要的判断就是，中华民族到底是前进跃升还是失守后退，已经来到了一个事关前途命运的关键时期。继而说，我们迎来了一个完全有可能实现大较量、大定型、大跃升的关键时期，但应对处理不当也有可能是大退守的时期。由此说来，团结带领全党全军全国各族人民撸起袖子加油干、风雨无阻向前行，必须义无反顾地进行具有新的历史特点的伟大斗争。统揽伟大斗争、伟大工程、伟大事业、伟大梦想，关键在于时刻保持精神上的主动，持续推进实践基础上的理论创新，不断谱写马克思主义中国化时代化新篇章，在"魂脉"与"根脉"的有机结合中开辟出马克思主义中国化时代化新境界。

思想的前进是最大的前进。今天，我们推进马克思主义中国化时代化的任务不是轻了，而是更重了。这个时代的理论创新意义重大，需要全面推进"第二个结合"，有效把"魂脉"和"根脉"贯通起来，聚变为新的理论优势，实现迈向中华民族伟大复兴的关键一跃。理论的系统创新无不缘起于一个典型时代的到来。那么，这是一个怎样的时代呢？

一、这是一个固国本、承国运的时代

固国本、承国运从来就是任何执政者必然要思考的根本性问题，新时代以来，尤其如此。在这个时代，中国共产党人把坚持和发展中国特色社会主义作为鲜明的主题，经由这个主题实现强国复兴的光荣使命，更需要固国本、承国运。当下，习近平总书记强调始终坚守理论创新的根和魂、强调积极推动"第二个结合"、强调民族复兴的光荣梦想，并为这个梦想的实施进行顶层设计和领航掌舵，就是从国本、国运的高度上对治国理政展开的综合考量，显示出中国共产党人要求固国本、承国运的全新理论思维与鲜明执政特点。

固国本、承国运，是一个具有历史纵深感的问题。自古以来，中华民族就高度重视固国本、承国运的重要意义。商鞅便讲："故圣人之为国也，观俗立法则治，察国事本则宜。不观时俗，不察国本，则其法立而民乱，事剧而功寡。"[1]观时俗，意在于立；察国本，意在于用，一个国家如若不从固国本、承国运的高度上来看问题，最终必然陷入政治上的混乱衰败。近代以来，无论是张东荪在《制治根本论》中提出的"政治之精

---

[1] [战国] 商鞅：《商君书》，石磊译注，北京：中华书局，2011年，第64页。

神，惟在使国民得以自由发展"[1]，还是早期陈独秀在《爱国心与自觉心》中所讲的"国家者，保障人民之权利，谋益人民之幸福者也"[2]，都从核心价值层面说明了固国本、承国运的伦理价值基础。但真正在历史潮流激荡中寻找到固国本、承国运根本路径的还是中国共产党人。一方面，中国共产党人发扬了中华民族从国本、国运高度上看待国家发展的优良政治传统；另一方面，又不仅仅满足于对这一问题做本体论或是价值论层面的阐述，而是要求从文化的高度对这一问题作本质性勘定，强调以思想文化的创新发展固国本、承国运，这个时代中国共产党人前所未有地强调"第二个结合"，强调"魂脉"与"根脉"的贯通，原因就在这里。

可见，固国本、承国运表现为政治命题，其本质是思想文化的崛起与飞跃。习近平总书记强调："文化关乎国本、国运。"[3]思想文化是一个国家、一个民族的灵魂，每到重大历史关头，文化都能感国运之变化、立时代之潮头、发时代之先声。社会主义革命和建设时期以"社会主义制度的建立"开辟"一条到达理想境界的道路"时是如此，改革开放和社会主义现代化建设新时期回答"中国向何处去"这一头等重要问题时是如此，在新时代回答好中国之问、世界之问、人民之问、时代之问更是如此。因此，思想文化问题才是点破固国本、承国

---

[1] 张东荪:《制治根本论》，《甲寅》杂志，第1卷第5号，1915年。
[2] 陈独秀:《爱国心与自觉心》，《甲寅》杂志，第1卷第4号，1914年。
[3] 习近平:《在文化传承发展座谈会上的讲话》，北京：人民出版社，2023年，第1页。

运的奥秘之眼。当代中国共产党人只有以思想文化的全面发展最大限度地调动起各方面的有利条件，发挥出各领域的核心优势，才能为中国式现代化提供更为完善的制度保证、更为坚实的物质基础、更为主动的精神力量，真正实现中华民族的伟大复兴，在新的历史条件下固国本、承国运。

时代风云变化，当下中国的实力地位已然发生"当惊世界殊"的巨大转变。面向未来，中华民族又进入一个大转折、大变革的时代，在开辟中国特色社会主义道路的过程中，团结带领中国人民走好实现第二个百年奋斗目标的"赶考之路"，要求中国共产党人必须以全新的思维固国本、承国运。这种思维是一体两面的，形而上地讲，中国共产党人发现了固国本、承国运问题的本质，不断培育和创造强国复兴的根基；形而下地讲，中国共产党人理顺了固国本、承国运的途径，更有力地推进社会主义文化建设。因而，在这个时代固国本、承国运，无论从认识论还是方法论上来讲，文化建设都是其核心关切。

这个时代固国本、承国运，必然要求贯通"魂脉"与"根脉"，要求推动"第二个结合"，要求以"结合"筑牢中国特色社会主义道路的文化根基。如习近平总书记所讲："在五千多年中华文明深厚基础上开辟和发展中国特色社会主义，把马克思主义基本原理同中国具体实际、同中华优秀传统文化相结合是必由之路。"[1] 只要在固国本、承国运的基点上思考文化命题

---

[1] 习近平：《在文化传承发展座谈会上的讲话》，北京：人民出版社，2023年，第5页。

就会发现,"魂脉"与"根脉"的历史性相会是中华文明在当下这个时代奔腾向前的必然逻辑。"中国特色社会主义道路是在马克思主义指导下走出来的,也是从五千多年中华文明史中走出来的"[1]。这个时代固国本、承国运,就是完善和发展中国特色社会主义,只有立足于马克思主义在意识形态领域的根本指导地位,只有立足波澜壮阔的中华五千多年文明史,才能真正理解中国道路的历史必然、文化内涵与独特优势。因而,固国本、承国运必然要"让马克思主义成为中国的,中华优秀传统文化成为现代的,让经由'结合'而形成的新文化成为中国式现代化的文化形态"[2],以"魂脉"和"根脉"的有机贯通奠定中华民族的未来发展。

同时,在看到这个时代固国本、承国运必然趋势的同时,也必须认识到这一命题的能动性,"魂脉"与"根脉"彼此贯通必然出自中华儿女坚定不移的精神气质与自觉自为的历史主动。国本之基在于固,国运之要在于承。固国本、承国运,不是等来的,不是机遇论、偶然论、宿命论的,它是依靠中华儿女的实践创造争取出来的。最大的国本国运在于民心向背、在于精神状态、在于昂扬向上的思想文化。新时代的一个鲜明特点就是,我们党正在以前所未有的历史主动,谋划和推进中华民族伟大复兴。当今这个时代,物质条件初步丰盈,精神懈

---

[1] 习近平:《在文化传承发展座谈会上的讲话》,北京:人民出版社,2023年,第7页。
[2] 习近平:《在文化传承发展座谈会上的讲话》,北京:人民出版社,2023年,第6页。

急尤为可怕,固国本、承国运必须首先在理论层面进行创造,解决精神上强起来的问题,解决文化主体性的问题,塑造一种克服困难、坚定前行的精神状态。所以,今天考虑"根脉"和"魂脉"的关系,聚焦习近平文化思想的创造,根本目的在于指导中华民族在精神上强起来,塑造一种能够与强国复兴相匹配的精神状态、精神气质、精神力量,以中华民族文明事业的复兴来固国本、承国运。

二、这是一个因应社会形态之变的时代

经过对西欧社会历史的长期研究,马克思在《〈政治经济学批判〉序言》中以"经济的社会形态"为线索剖析了人类社会历史的发展,"大体说来,亚细亚的、古希腊罗马的、封建的和现代资产阶级的生产方式可以看做是经济的社会形态演进的几个时代"[1]。可以说,社会形态随生产力和生产关系、经济基础和上层建筑的辩证运动发生演变是马克思主义关于人类社会演变基本规律的重要观点,"正像各种不同的地质层系相继更迭一样,在各种不同的经济社会形态的形成上,不应该相信各个时期是突然出现的,相互截然分开的"[2]。结合各国具体实

---

[1]《马克思恩格斯文集》第二卷,北京:人民出版社,2009年,第592页。
[2]《马克思恩格斯文集》第八卷,北京:人民出版社,2009年,第340页。

际来看，社会形态的变革有其不同表现，不可强行比附、一概而论。如马克思所讲，如果有人因此而认定各国都必然走西欧资本主义道路，这"会给我过多的荣誉，同时也会给我过多的侮辱"[1]。马克思的论述，一方面说明了社会形态向前演进的必然性，另一方面也强调了具体分析本国历史条件的重要性，体现了对历史规律必然性和历史条件特殊性的有机统一。中国共产党人在马克思主义社会形态变革学说的基础上，经过长时段的实践检验，逐渐掌握、丰富了其时代内涵，积极推动社会形态向更高的阶段变革。

当代中国的社会形态呈现出剧烈变动的态势，这种态势量变的程度已经相当之高，要求中国共产党人必须未雨绸缪，提前思考，为其由量变向质变的历史性飞跃做好先行筹谋与思想储备。这种社会形态的质变趋势呼之欲出，表现得越发鲜明。比如，中华民族在社会演变过程中正处于一个不进则退、缓进亦退的历史关口；再比如，新发展阶段是一个过渡阶段，是涉及生产力与生产关系、经济基础与上层建筑变革的综合性前进阶段。历经对社会发展规律的百年艰辛求索，在当下这个时代，中国共产党人实现了对社会形态之变认识的革命性丰富。一方面，习近平总书记援引马克思"两个决不会"的重要论点回答了"为什么马克思主义预见的共产主义还需要经过很长的

---

[1]《马克思恩格斯文集》第三卷，北京：人民出版社，2009年，第466页。

历史发展才能实现"的社会形态之问[1]；另一方面，党的二十大报告提出了"我国是一个发展中大国，仍处于社会主义初级阶段，正在经历广泛而深刻的社会变革"的重要论断[2]，强调了当下因应社会形态之变的重要意义。可以说，当下的社会形态之变，事关中华民族的前途命运、事关社会主义的前途命运、事关人类历史的前途命运。

当代中国社会变革是系统的、整体的，具有前所未有的丰富性。实践证明，新时代以来的改革已经实现由局部探索、破冰突围到系统集成、全面深化的转化，推动我国迈上全面建设社会主义现代化国家新征程。许多领域实现了历史性变革、系统性重塑、整体性重构，标志着社会经济形态与意识形态已经来到一个非系统性变革无以发展的关键时刻，要求中国共产党人必须因应社会形态之变，实现关键一跃。一方面，当代社会形态之变是多维共进的共时态变化。马克思在《〈政治经济学批判〉序言》中强调："一种是生产的经济条件方面所发生的物质的、可以用自然科学的精确性指明的变革，一种是人们借以意识到这个冲突并力求把它克服的那些法律的、政治的、宗教的、艺术的或哲学的，简言之，意识形态的形式。"[3] 从"两个文明"一起抓到"三个文明"协调发展，再到"五位一体"总体布局，当代中国从经济、政治、文化、社会、生态五个维度的

---

[1] 习近平：《论党的宣传思想工作》，北京：中央文献出版社，2020年，第37页。
[2] 《习近平著作选读》第一卷，北京：人民出版社，2023年，第17页。
[3] 《马克思恩格斯文集》第二卷，北京：人民出版社，2009年，第592页。

总体布局上对社会变革进行了更为周密、更为全面的整体性丰富。与此同时，当代中国对"五位一体"的建设都提高到了文明建构的层次，强调推动物质文明、政治文明、精神文明、社会文明、生态文明协调发展，创造了中国式现代化新道路，创造了人类文明新形态。因而，这场变革本身就是一个文明变革的综合体，目标在于建构一个前所未有的复合文明形态。另一方面，当代社会形态之变是双重延伸的历时态变化。这就要求我们，既要以马克思主义中国化时代化理论发展中国式现代化事业，又要以现代化目标标定中华文明在当前的发展方向，激活古老的中华文明革故鼎新的内生动力，这二者在中国式现代化进程中得到了统一，共同构成了当前推动中华文明重焕荣光的基本向度。正是因为在共时态上的维度丰富与历时态上的双重使命，当代中国社会形态之变才在根本意义上指向了文明的复兴。

从这个意义上讲，因应社会形态之变才成为中国共产党人拥抱变化、开辟时代的必然选择。习近平总书记强调："新时代中国特色社会主义是我们党领导人民进行伟大社会革命的成果，也是我们党领导人民进行伟大社会革命的继续，必须一以贯之进行下去。"[1]这一重要论断反映了推进社会形态之变是主动的而非被动的、是进行的而非暂停的、是提前的而非滞后的。因应社会形态之变是一个立体进程，是综合考量深层利益

---

[1] 习近平：《坚持和发展中国特色社会主义要一以贯之》，《求是》2022年第18期。

格局、根本长远利益、人民群众期待的进程，体现了中国共产党人精神主动、决心勇气、使命责任的高度统一。无论是从中国现在处于并将长期处于社会主义初级阶段的基本国情、经济社会发展处于新发展阶段的历史方位中，还是从奋力以中国式现代化实现中华民族伟大复兴的使命任务、积极推动世界历史的新格局的广博胸怀中，都可以发现当下这个时代必然要求中国共产党人积极应变、科学识变、主动求变，以我们正在做的事情为中心，坚守好"魂脉"与"根脉"，推进实践基础上的理论创新，以党的自我革命"永远在路上"的姿态提前谋篇布局、锻造自我，推进最广泛的社会革命，因应社会形态之变。

需要注意的是，马克思的社会形态理论是基于19世纪欧洲政治经济文化情况所形成的理论抽象，目的在于为人类社会向更高水平迈进创造动力、提供方向，因为即使是相似的现象，出现在不同的历史环境中就"引起了完全不同的结果"。比如，俄国社会的问题，马克思并没有给出确切的发展路径，而是具体分析了俄国农村公社的二重性，并得出俄国社会发展道路的两种可能性选择。最终选择哪种道路，取决于人民的选择。同理，当今世界正在经历百年未有之大变局，处在民族复兴关键时期的当代中国正在经历着有史以来最为广泛而深刻的社会变革，这一变革的复杂性前所未有，这一变革所需要的系统性已经超出马克思原有的理论框架，因而势必要根据当代社会形态之变的新特征推进实践基础上的理论创新。

因应社会形态之变的根本目的在于实现文明的跨越与进步。

恩格斯在《英国状况 十八世纪》中提到"文明是实践的事情，是社会的素质"[1]。只有在以中国式现代化实践因应社会形态之变的过程中，中华民族文化基因中的民族性格才能被充分激活，马克思主义关于人类社会发展规律的思想才能日益同中国特色社会主义共同理想统一起来、同我们正在做的事情统一起来，以"魂脉"和"根脉"的有机贯通实现文明叙事、文化实践、文明成果的巨大飞跃。

三、这是一个彻底破解"古今中西之争"的时代

"古今中西之争"是中国近代以来的全部历史所造就的一道至今未能彻底破解的"历史难题"。"古"与"今"、"中"与"西"之间的争论，反映了中国作为一个后发现代化国家在指导思想、文化价值、政治制度、道路选择上的犹豫、徘徊与反复。这一问题兼具普遍特性与中国特色。一方面，"古今中西之争"是每一个后发现代化国家在上层建筑变革中必然要解决的结构性矛盾。任何一个国家前进跃升的过程中，必然要思考如何处理好本民族文化与外来思潮的协调融合问题。另一方面，中华文明作为从未中断过的古老文明，在面对现代化进程时，必然要在传统思想与西方思想的"争"与"合"中探索出

---

[1]《马克思恩格斯文集》第一卷，北京：人民出版社，2009年，第97页。

一条救国、兴国、强国的道路。中华民族悠久的历史如何在时代的召唤下焕发崭新的生命力，需要在与各类思潮的交锋中找到答案。可以说，"古今中西之争"命题既是西方现代化向世界辐射的"副产品"，又是各民族走向繁荣富强不可忽视的"元问题"。因此，"古今中西之争"问题的实质不在于文化议题的争论，而是在于争论背后的文化立场及其影响，在于以什么样的道路实现中国社会的根本转型。

"古今中西之争"联系着一个国家、一个民族每一历史阶段的核心关切，同一国历史之主题主线相伴相生，作为思想的"暗线"支撑着国家根本问题的解决。从晚清王朝有识之士提倡"仿古法以行之"来扭转国运衰颓的尝试，到鸦片战争过后由"抚洋"转向"以夷制夷"的中西之辩；从宣称"议院之名，古虽无之，若其意，则在昔哲王所恃以均天下也"的维新派中西比附，到主张"取法西人而用之"的革命党人立场；再到五四新文化运动时期对古今中西问题的全方位文化争论，如何在处理好古今中西各类思想资源的过程中挽救民族危机，便是"古今中西之争"的核心关切。中华民族自近代以来经由"器物—制度—文化"的三段式探索，各种思想理论的交锋逐渐聚焦于思想问题之症结，渐渐明晰唯有以对文明文化的思考谋国运之接续，方能找到救国救民的答案。尽管近代以来对于"古今中西之争"的认识渐趋清晰，但囿于历史条件与思维定式，往往使得这些理论探索陷入"非此即彼"的二元思维之中，并未促成文明问题的根本解决。"为了拯救民族危亡，中国人民奋起反抗，仁人志士奔走呐喊……各种救国方案轮番出台，但都以失败而告终。中国迫切需要新的思想引领救亡运动，迫切需要新的组织凝聚革命力量。"[1]正是马克思列宁主义的传入与中国共产党人的诞生，中华民族才从主题上实现了对中华文明认识的根本扭转，使得文化论争突破了"二元对立"思维，真正从民族复兴的主题中考量"古今中西之争"，历史性、渐次式地破解"古今中西之争"。

面对"古今中西之争"，中国共产党人清醒地认识到这一问题的实质不在于"争"，而在于"合"。中国共产党人深刻地认识到，实现中华民族伟大复兴，需要有一个宽广的视角，需要把强国复兴梦想放到世界和我国发展的大历史当中去看。百年奋斗实践证明，从站起来、富起来到强起来的历史性跨越，是中国共产党人以"合题"的唯物辩证思维，通过以我为主的融合创造来解决"古今中西之争"的实践展开。一方面，中国共产党人坚持唯物史观，从经济基础的层面揭示了中西文化各自的优点和不足，并以物质条件的持续创造解决了"古今中西之争"的前置性问题。此所谓，实现国家现代化转型、民族复兴这一任务本身，"只有在解决它的物质条件已经存在或者至少是在生成过程中的时候，才会产生"[2]。另一方面，中国共产党人借由马克思主义明晰了从二元争论走向融合的道路，

---

[1] 习近平：《在庆祝中国共产党成立100周年大会上的讲话》，北京：人民出版社，2021年，第2—3页。

[2] 《马克思恩格斯文集》第二卷，北京：人民出版社，2009年，第592页。

在对"能动的方面"的强调中构建自己的文化主体性,以中国化时代化的马克思主义破解"古今中西之争"。正是从这个意义上讲,中国共产党人才以"结合"的姿态掌握了"魂脉"之精髓与"根脉"之底色,从历史主题出发,从现实问题入手,以自立自强为本,实现了古今中西的"大集成"。这个"大集成",不同于简单的"冲击—反馈"过程,并非在外来船坚炮利刺激下进行的被动应战,而是以马克思主义科学态度分析人类历史一切思想资源,从中华民族文化立场中确认文化意义上坚定自我的过程。

习近平总书记在文化传承发展座谈会上指出:"经过长期努力,我们比以往任何一个时代都更有条件破解'古今中西之争'。"这一论断的提出标志着,在当前这个历史时期,中国共产党人对马克思主义、中华优秀传统文化、人类优秀文明成果的理解推进到了一个崭新的文明复兴境界,开显出当代中华民族文明理解的宏阔视野,体现了中国共产党人在文化问题解决上、在文明问题思考上的巨大精神主动。与此前或被动或主动打开国门而激起的"古今中西之争"浪潮不同,新时代新征程上,中国共产党人主动提出破解"古今中西之争",造就一批融汇古今、贯通中西的文化成果,其背后既有对民族复兴就是文明复兴规律的深刻认识,又有"比以往任何一个时代都更有条件破解'古今中西之争'"的自信从容,彰显了中国共产党的历史主动精神,"第二个结合"推动了这一精神的具体展开。

何谓"更有条件"?一是思想解放使得中国共产党人以更加

开阔的胸怀对待各类思想文化。从本体论来看,"第二个结合"将"古今中西"文化的区隔打通开来,在马克思主义的根本指导下创造新的文化生命体。从认识论来看,"第二个结合"跳出近代以来的体用论窠臼,以现代化事业与民族复兴伟业为嚆矢,力求"古今中西之争"的历史性破解。二是思路开阔使得中国共产党人以更加自信的态度运用各类思想文化。习近平总书记强调"要在马克思主义指导下真正做到古为今用、洋为中用、辩证取舍、推陈出新,实现传统与现代的有机衔接"[1]。可以看到,这个时代对"古今中西"文化的分析已然不是单纯的事实判断,而是在坚持马克思主义在意识形态领域根本指导地位的基础上,以更加开放的姿态分析、运用各类思想文化与价值观念的价值判断。三是思维创新使得中国共产党人以更加宏阔的视野看待各类文化资源。习近平总书记指出:"中华民族是世界上伟大的民族,有着5000多年源远流长的文明历史,为人类文明进步作出了不可磨灭的贡献。"[2]当代中国的实践有其历史纵深,亦有其世界意义,是在古老中国的"旧邦"上展开的现代化"新命"。在这个时代解答好"古今中西之争",唯有以"全新的视野"来关注各类思想资源,将"争"的问题转化为"合"的问题,才能在彻底破解"古今中西之争"中展现出中华民族伟大复兴的光明前景。

---

[1] 习近平:《在文化传承发展座谈会上的讲话》,北京:人民出版社,2023年,第11页。
[2] 习近平:《在庆祝中国共产党成立100周年大会上的讲话》,北京:人民出版社,2021年,第2页。

这是一个彻底破解"古今中西之争"的时代,说其彻底,是因为在这个时代,中国共产党人不再是从内容本身来描述这一问题,不再是从文化属性来区分这一问题。当代中国对"古今中西之争"的破解,是政党使命与文化使命相贯通的破解、是以我为主和为我所用相贯通的破解、是理论创新与理论实践相贯通的破解。这一破解建筑在扎实的经济基础之上,思想条件充沛、组织力量坚强、方法路径明确,在"魂脉"与"根脉"交织的复兴场域中冲破了思想迷雾,助力中华民族通向文明复兴之"彼岸"。

四、这是一个需要思想解放的时代

习近平总书记指出:"'第二个结合'是又一次的思想解放,让我们能够在更广阔的文化空间中,充分运用中华优秀传统文化的宝贵资源,探索面向未来的理论和制度创新。"[1]"第二个结合"作为实现当代中国共产党人文化使命的重要组成部分,没有任何现成的经验可供借鉴。如果说以往的思想解放是为了发展中国特色社会主义本身的话,今天"又一次的思想解放"所要解决的根本问题,就是中国特色社会主义之发展在党史、新中国史、改革开放史、社会主义发展史、中华民族发展史上的

---

[1] 习近平:《在文化传承发展座谈会上的讲话》,北京:人民出版社,2023年,第8页。

大贯通。尤为重要的是,"第二个结合"实现了马克思主义这个"魂脉"与中华优秀传统文化这个"根脉"相联通的问题,从根本上为理论和制度创新开辟了一条全新的道路,全面拓新了中国共产党人的理论思维与理论空间,为丰富和发展马克思主义理论、实现中华民族伟大复兴作出了重大原创性贡献。

思想解放造就了这个时代,这个时代的未来,离不开"又一次的思想解放"。人类社会每一次重大跃进、人类文明每一次重大发展,都以知识更新、思想解放作为先导和动力。这个时代以中国式现代化实现中华民族伟大复兴,需要"又一次的思想解放"这样一个破立并举、双向互动的过程。思想解放的本质就是用新办法解决新问题,如邓小平所讲:"所谓思想对头,就是打破迷信,从中国自己的实际情况出发,去想问题、解决问题。"[1]当历史的接力棒薪火相传到当代中国共产党人的手中,只有实现"又一次的思想解放",才能避免沉溺于已有的成绩中无法自拔,才能避免犯"数典忘祖"的颠覆性错误,中国特色社会主义事业的发展需要的所有思想资源才能充分涌流,共同服务于强国复兴的历史进程。"又一次的思想解放"在于"破",更在于"立",其最终目的不限于实现思想文化领域各种观点的充分涌流与广泛交流,更在于从场域和空间上为理论创新打开更广的空间、开辟更高的层次,充分发挥中华文

---

[1]《邓小平文集(一九四九——一九七四)》中卷,北京:人民出版社,2014年,第389页。

明突出的包容性与创新性，构建起各美其美、美人之美、美美与共、天下大同的理论境界，最终推动文明发展与社会进步。

当代的思想解放之所以被冠以"又一次"的定语，原因就在于其一方面反映了对"魂脉"的坚守与传承，另一方面又凝定了"根脉"在理论创新过程中的重要地位。"党的十八大以来，我们所做的一切，都是在践行党的初心使命，都是在完成毛泽东、邓小平等老一辈革命家未竟的事业，都是在新的时代条件下坚持和发展中国特色社会主义。"[1]当代中国思想解放是中华民族伟大复兴历史伟业的续篇，反映了中国共产党人行动逻辑上的接续奋斗、行动思维上的积极主动。如邓小平所讲："中国应该每年有新的东西，每一天都有新的东西"[2]，当代"又一次的思想解放"实现了以马克思主义真理推进中华优秀传统文化的创造性转化、创新性发展，是中国共产党人始终走正道、善于闯新路的根本体现，标志着中国共产党人理论思维的进一步成熟，有利于将理论创新放置于事业传承的大视野中，处理好"魂脉"与"根脉"的关系。

在这个决定中华民族是前进跃升还是失守后退的时代中，通过"又一次的思想解放"实现"魂脉"与"根脉"的贯通，之于打破思想桎梏、推动社会进步有着重要的资源论意义，如

---

[1] 习近平：《在纪念邓小平同志诞辰120周年座谈会上的讲话》，《人民日报》2024年8月23日。

[2] 中共中央文献研究室编：《邓小平思想年编（一九七五——一九九七）》，北京：中央文献出版社，2011年，第708页。

马克思所讲:"一切已死的先辈们的传统,像梦魇一样纠缠着活人的头脑。"[1]当代中国所迎接的历史机遇前所未有,所面临的历史挑战亦前所未有,如若不从思想文化资源上实现思想的解放,理论的闭塞必将影响政治的开明。具体来看,"又一次的思想解放"具有三重意义。其一,从唯物史观的视角来看,思想解放是解决生产关系和生产力、上层建筑和经济基础、国家治理和社会发展之间的矛盾,实现国家、民族发展质的飞跃的必然路径。随着生产力水平的质变,我国当前的主要矛盾已经发生了巨大转变,"人民日益增长的美好生活需要和不平衡不充分的发展之间的矛盾"呼唤着"又一次",或者说是进一步的思想解放,要求以更加丰富的文化资源构筑人民群众的精神世界,以更加创新的思想理论呼应生产力发展的新情况,探索出面向未来的制度创新。其二,从根本立场的视角来看,思想解放是中国共产党人跟上群众进而引领群众的重要方法。马克思主义是为人民立言、为人民代言的理论,是为改变人民命运而创立、在人民求解放的实践中丰富和发展的,人民的创造性实践是马克思主义理论创新的不竭源泉。毛泽东说过:中国共产党人与群众的关系遵循着"先生"与"学生"的辩证法,思想如若不够解放,党的领导就会落后于群众的认识。当代中国,日新月异,人民群众思想观念变化之快非依托思想解放而不能被完全引领。唯有将各种资源,尤其是作为"根脉"的中

---

[1]《马克思恩格斯文集》第二卷,北京:人民出版社,2009年,第471页。

华优秀传统文化纳入治国理政中来，党的领导与人民当家作主方能在方法论上构成贯通，在文化层面上形成合力。其三，从精神状态来看，思想解放本身塑造了中国共产党人理论创新的胆识与魄力，推动着理论创新向更广阔的空间迈进。马克思和恩格斯在《神圣家族》中讲到"与'进步'的奢望相反，经常可以发现退步和循环的情况"[1]，在这个时代保持精神上的主动，实现文明的复兴，必然要以思想解放破除理论创新过程中的束缚，在"魂脉"与"根脉"的贯通中构筑、巩固中华民族的精神家园，真正以国家现实问题的解决来标定理论和实践创新的价值。

在这个决定中华民族是前进跃升还是失守后退的时代中，通过"又一次的思想解放"实现"魂脉"与"根脉"的贯通，之于巩固文化主体性，强化政治引领有着重要的方法论意义。这个时代需要思想解放，但需要的不是肆意狂奔的千帆竞流，而是目的明确的珠联璧合。一方面，正如习近平总书记所指出："'第二个结合'让我们掌握了思想和文化主动，并有力地作用于道路、理论和制度。"[2]作为"又一次的思想解放"的"第二个结合"之于当代治国理政有其深刻政治意义，是道路、理论和制度得以自信的根源所在。另一方面，中国共产党自成立以来就将思想解放与政治解放同构起来，为中华民族的伟大

---

[1]《马克思恩格斯全集》第二卷，北京：人民出版社，1957年，第106页。
[2] 习近平：《在文化传承发展座谈会上的讲话》，北京：人民出版社，2023年，第8页。

复兴提供动力。从古田会议到延安整风，从"真理标准大讨论"到提出"第二个结合"，中国共产党人的思想解放向来是以政治问题为中心而展开的自为思想运动，本质是在打破思维定式中推动历史进步，在反思中推动文明创造，在创新中更新思想观点与知识储备。与历史上略有区别的是，"又一次的思想解放"呈现出此前任何一个时代都未曾有过的对实现远大理想的信心与坚定。它既不是对已有问题的单纯调适，也不是对前途迷茫的激烈争论。它是着眼于文明复兴且作用于文明复兴的一场文化上的解放，因而对于"魂脉"与"根脉"的强调才展现出此等坚定与执着。可以说，当代中国的思想解放是具有政治意义的解放，更是以共同理想的实现作为根本评判标准的解放，是中国共产党领导的、以马克思主义为指导思想的、打通"魂脉"与"根脉"的彻底的思想解放。

"'第二个结合'是又一次的思想解放"论断的提出，反映了中国共产党人对于文化问题的理解又上了一个新的台阶，说明中国共产党人正式把中华优秀传统文化置于视野之中，并将其作为激活创新创造活力的重要源泉。"第二个结合"在实现思想解放的同时，展现出对中国共产党思想路线的极大丰富，是对思想路线的当代表达。邓小平曾对思想路线的内涵作出过明确的概括："思想路线是什么？就是坚持马克思主义，坚持把马克思主义同中国实际相结合，也就是坚持毛泽东同志说的实事求是"[1]。当代中国的思想解放，就是以实事求是的态度辩证看待中华优秀传统文化，换言之，"第二个结合"就是文化领域中的"实事求是"。"魂脉"与"根脉"的历史性相会、历史性结合，是实事求是思想路线为理论创新所划定的必由之路，能否以文化层面上的实事求是平等对待各类思想资源，实现思想解放，最终实现政治实践层面上的实事求是，事关时代潮流的根本走向。

习近平同志指出："什么时候坚持实事求是，党就能够形成符合客观实际、体现发展规律、顺应人民意愿的正确路线方针政策，党和人民事业就能够不断取得胜利；反之，离开了实事求是，党和人民事业就会受到损失甚至严重挫折。"[2]这个时代一切课题的真正解决需要通过"又一次的思想解放"来找到"第二个结合"的机制、方法、路径，需要以实事求是的精神实现"魂脉"与"根脉"的贯通，从而形成新时代理论创新的成果，最终支撑起中华民族伟大复兴的中国梦。

---

[1]《邓小平文选》第三卷，北京：人民出版社，1993年，第62页。
[2] 习近平：《坚持实事求是的思想路线》，《学习时报》2012年5月28日。

第一章

马克思主义何以为"魂脉"?

马克思主义是以客观规律为研究对象，以人类社会解放为最终目标，包含马克思主义哲学、马克思主义政治经济学、科学社会主义等诸领域的有机整体，为我们认识世界、把握规律、改造世界提供了科学世界观和方法论。党的十八大以来，以习近平同志为核心的党中央高度重视马克思主义的科学地位与重要价值，强调了坚持和发展马克思主义的相关问题，提出了"马克思主义就是我们党和人民事业不断发展的参天大树之根本，就是我们党和人民不断奋进的万里长河之泉源"[1]"只有真正弄懂了马克思主义，才能在揭示共产党执政规律、社会主义建设规律、人类社会发展规律上不断有所发现、有所创造"[2]"理论的生命力在于创新。马克思主义深刻改变了中国，中国也极大丰富了马克思主义"[3]等一系列重要论述。2023年6月30日，习近平总书记在二十届中央政治局第六次集体学习时的讲话中又专门指出："马克思主义中国化时代化这个重大命题本身就决定，我们决不能抛弃马克思主义这个魂脉"[4]。

魂者，器物之统摄也；脉者，生命之经络也。二者连用，表现的是对事物本质和生命源泉的强调。"魂脉"论断的提出，从推动党的理论创新的高度突出了马克思主义的重要地位。那

---

[1] 《习近平谈治国理政》第二卷，北京：外文出版社，2017年，第66页。
[2] 习近平：《在哲学社会科学工作座谈会上的讲话》，北京：人民出版社，2016年，第11页。
[3] 《习近平著作选读》第二卷，北京：人民出版社，2023年，第418页。
[4] 习近平：《开辟马克思主义中国化时代化新境界》，《求是》2023年第20期。

么，新时代共产党人从理论创新的角度赋予马克思主义以"魂脉"的地位，有着怎样的依据呢？马克思主义占据着真理和道义的制高点，是我们立党立国、兴党兴国的根本指导思想。只有立足于理论与实践、历史与现实相统一的视角，充分理解马克思主义对人类社会发展规律、社会主义建设规律与共产党执政规律的深刻把握，体会其跨越时空的思想力量，方能回答好其何以成为理论创新之"魂脉"这一重要问题。

一

揭示人类社会发展规律的真经

习近平总书记指出："马克思给我们留下的最有价值、最具影响力的精神财富，就是以他名字命名的科学理论——马克思主义。这一理论犹如壮丽的日出，照亮了人类探索历史规律和寻求自身解放的道路。"[1] 从一定意义上来说，马克思主义之所以能够在广泛吸收人类文明资源成果的基础上升华为科学理论，根本原因就在于这个主义深刻揭示了人类社会发展规律，指明了人类寻求自身解放的科学道路。

---

[1] 习近平:《在纪念马克思诞辰 200 周年大会上的讲话》，北京：人民出版社，2018 年，第 6 页。

人类社会最终会走向何方？这是古今中外的哲学家共同关注的终极问题。然而，由于生产力发展水平有限，唯心史观在人类社会长期占据着主导地位。其中，客观唯心主义认为，在人类社会之外存在着某种神秘的精神力量，这种绝对精神是历史发展的根本动力；主观唯心主义认为，英雄人物的个人意志和愿望是历史发展的根本动力。可以看出，唯心史观虽然试图探寻历史发展的奥秘，但仅仅停留在用人的主观意志解释社会现象的表面，未能进一步考察社会现象背后的本质规律。随着资本主义生产方式日益发展，无产阶级反对资产阶级的斗争迅猛发展，社会历史规律的客观性逐渐彰显出来，马克思主义的唯物史观在实践中得以产生并不断发展。可以说，对"人类社会向何处去"这一终极问题的追寻在马克思主义诞生后才真正得以回答。马克思主义扭转了以往一切唯心史观从精神中寻找历史发展动力的观点，"在整个世界史观上实现了变革"[1]。

马克思主义超越了以往历史理论对思想动机的考察，认为物质资料的生产是社会历史的基本前提。马克思、恩格斯指出："我们首先应当确定一切人类生存的第一个前提，也就是一切历史的第一个前提，这个前提是：人们为了能够'创造历史'，必须能够生活。但是为了生活，首先就需要吃喝住穿以及其他一些东西。因此第一个历史活动就是生产满足这些需要的资料，即生产物质生活本身，而且，这是人们从几千年前直到今天单是为了

---

[1]《马克思恩格斯文集》第三卷，北京：人民出版社，2009年，第457页。

维持生活就必须每日每时从事的历史活动，是一切历史的基本条件。"[1]也就是说，人类要维持生存就必须获取生活必需品。为了获取这些必需品，就要进行相应的物质生产活动。马克思主义深刻澄明了历史的真正基础不在于观念和思想，而在于生产和交换必要生活资料的物质条件，强调人们首先必须通过劳动满足生活需要才能从事政治、哲学、宗教等活动。具体来看，马克思在《莱茵报》工作期间所遭遇的物质利益困境是促使他质疑黑格尔及其追随者的重要起点。比如，因为不满于普鲁士政府指使议会用"书报检查令"钳制人们的思想，马克思撰写了《评普鲁士最近的书报检查令》一文，揭露了新书报检查令扼杀出版和言论自由的真实嘴脸，指出了普鲁士政府专制主义的实质。再比如，因为彼时普鲁士贫苦居民为了维持生计捡拾枯枝却被指控为盗窃罪，马克思撰写了《关于林木盗窃法的辩论》一文，阐明这一乱象的根本原因在于资本主义私有制，指出立法机关偏袒林木所有者私人利益的行为是需要被谴责的。

马克思主义超越了以往历史理论对英雄的个人崇拜，认为人民群众才是社会历史发展的主体。马克思以前的哲学家之所以诉诸哲学批判，关注抽象的理论主题，归根到底是在掩藏其阶级利益的实质。"哲学家们只是用不同的方式解释世界，问题在于改变世界。"[2]马克思主义将科学理论与社会现实对接，不仅揭示了人

---

[1]《马克思恩格斯文集》第一卷，北京：人民出版社，2009年，第531页。
[2]《马克思恩格斯文集》第一卷，北京：人民出版社，2009年，第502页。

类社会的发展规律，而且强调了人们能够运用规律去能动地改造世界。马克思在《神圣家族》中写道："历史活动是群众的活动，随着历史活动的深入，必将是群众队伍的扩大。"[1] 人民群众并不是一个抽象的概念，它是由对历史有推动作用的普通民众组成的集合概念，在数量上指社会成员中的大多数人，在质的规定性上则指一切对社会历史起推动作用的人。尽管人类社会发展规律不以人的意志为转移，但是其践行离不开社会历史主体的自觉活动。换言之，尊重人类社会发展规律的客观性并不意味着忽视历史中人的主体性，人民群众既是历史发展的"剧中人"，也是历史发展的"剧作者"，当人们承认人类社会发展规律并且能够自觉地运用它的时候，这一规律便实现了从自在向自为的科学转变。唯有使人民群众深入理解和掌握先进理论并将其应用于实践之中，才能使理论转化为改造世界的物质力量，推动社会的持续发展。

马克思主义以唯物史观和剩余价值学说为理论基石，科学揭示了人类社会发展规律。恩格斯在马克思墓前的讲话中对人类社会发展规律的内容作出了精辟的概述："正像达尔文发现有机界的发展规律一样，马克思发现了人类历史的发展规律，即历来为繁芜丛杂的意识形态所掩盖着的一个简单事实：人们首先必须吃、喝、住、穿，然后才能从事政治、科学、艺术、宗教等等；所以，直接的物质的生活资料的生产，从而一个民族或一个时代的一定的经济发展阶段，便构成基础，人们的国家设施、法的观

---

[1]《马克思恩格斯文集》第一卷，北京：人民出版社，2009年，第287页。

点、艺术以至宗教观念，就是从这个基础上发展起来的，因而，也必须由这个基础来解释，而不是像过去那样做得相反。不仅如此。马克思还发现了现代资本主义生产方式和它所产生的资产阶级社会的特殊的运动规律。"[1]也就是说，在生产过程中，人们不可避免地会结成一定的生产关系。这些生产关系的综合体现，就构成经济基础，它进一步要求政治、法律以及意识形态等上层建筑与之相适应。可以说，马克思以生产力为出发点，构建了包括社会存在与社会意识的辩证关系原理、生产力和生产关系的辩证关系原理、经济基础和上层建筑的辩证关系原理、社会革命和胜利的基本条件、社会形态更替理论等在内的唯物史观理论体系。同时，马克思还运用唯物史观具体分析资本主义社会，从"商品"这一资本主义的"经济细胞"出发，用剩余价值学说深入剖析了现代资本主义生产方式的内在秘密，揭示了资本主义社会运行的特殊规律。

马克思主义在揭示历史发展进程的基础上，还科学构想了未来社会形态，为人类寻求自身解放提供了科学指引。《共产党宣言》写道："代替那存在着阶级和阶级对立的资产阶级旧社会的，将是这样一个联合体，在那里，每个人的自由发展是一切人的自由发展的条件。"[2]首先，人类的解放与社会的发展是相统一的。众所周知，马克思关于人类社会发展的"三形态论"包括"人的

---

[1]《马克思恩格斯文集》第三卷，北京：人民出版社，2009年，第601页。
[2]《马克思恩格斯文集》第二卷，北京：人民出版社，2009年，第53页。

依赖性社会""物的依赖性社会""人的自由全面发展社会",这是根据人的发展状况划分而成的三个历史阶段。人类的解放与社会的发展之所以内在统一于历史发展进程,是因为社会发展水平的高低归根到底是由人的解放程度来判定的。其次,实现人类解放是目标和过程的统一。作为人类解放的根本指向,共产主义集理想与道路、物质生产方式与人的价值属性于一体,不仅是人们获得自由和全面发展的社会形态,而且是一个共产主义要素不断增加运动的现实过程。最后,人类解放与无产阶级解放是相统一的。无产阶级之所以是人类解放的心脏,要肩负起解放全人类的历史使命,是因为其作为资本主义社会中被剥削压迫程度最深的阶级,与资本主义制度存在前提性的矛盾。由此,无产阶级解放运动是为绝大多数人谋利益的运动。

可以说,只要是一种理论,不论其创立者是否意识到,它都具有特定的政治意图。然而,在马克思主义诞生之前,古今中外在社会上占统治地位的理论都是为统治阶级服务的。并且,除了马克思主义,没有任何一种学说会公然地将自己的政治诉求公之于众。恩格斯指出:"科学越是毫无顾忌和大公无私,它就越符合工人的利益和愿望。"[1]马克思主义从来不回避它所具有的阶级属性,不仅关注贫苦大众的生存境地,还为无产阶级公然代言,这一主义不是某个集团或阶级利益的代表,而是始终以无产阶级解放和人类解放为价值目标的占据真理与道义制高点的学

---

[1]《马克思恩格斯文集》第四卷,北京:人民出版社,2009年,第313页。

说，体现出强烈的现实关怀。

在漫长的人类历史长河中，马克思主义如同一座巍峨的灯塔，帮助人们认清社会本质，把握历史趋势，克服历史短见，明确奋斗方向。马克思主义对人类社会发展规律的揭示不仅为人类指明了从必然王国向自由王国飞跃的途径，也为人民指明了实现自由和解放的道路。如果说，发现和把握人类社会发展规律是马克思主义探寻人类解放的科学途径，那么，实现人类解放则是发现和把握人类社会发展规律的价值旨归。习近平总书记指出："马克思主义第一次站在人民的立场探求人类自由解放的道路，以科学的理论为最终建立一个没有压迫、没有剥削、人人平等、人人自由的理想社会指明了方向。"[1]马克思主义始终站在真理的一边、站在人民的一边，比任何时代的进步学说都具有更为深刻的科学性、人民性。正因如此，它才具有跨越国度、跨越时代的影响力，才能在历史的长河中不断发展壮大，成为一种引领时代潮流的先进理论。由此，从方法论意义来看，只有在尊重本国历史国情、现实条件的基础上，着眼于"现实的人"，投身于人民群众实践的丰富源泉，才能真正推动人类社会的发展进步。

---

[1] 习近平：《在纪念马克思诞辰200周年大会上的讲话》，北京：人民出版社，2018年，第8页。

二

洞悉社会主义建设规律的指南

习近平总书记指出:"170多年前,马克思、恩格斯在深入考察和研究资本主义社会基本矛盾的基础上,继承和扬弃圣西门、傅立叶、欧文等人的空想社会主义思想,提出唯物史观和剩余价值学说,给社会主义思想奠定了科学理论基础,创立了科学社会主义,社会主义由此从空想走向科学。科学社会主义同工人运动相结合,推动十月革命取得成功,建立了世界上第一个社会主义国家,科学社会主义由此从理论走向实践。第二次世界大战结束后,一批社会主义国家诞生,特别是我们党领导人民建立了新中国并建立了社会主义制度,科学社会主义由此从一国实践走向多国发展。"[1] 可以说,一部马克思主义发展史在一定意义上也是科学社会主义不断与时俱进、向前发展的历史。作为洞悉社会主义建设规律的指南,马克思主义指导着社会主义实现由空想到科学、由理论到实践、由一国到多国的飞跃。

早在马克思主义诞生以前,就存在各类社会主义学说。恩格斯曾说:"在16世纪和17世纪有理想社会制度的空想的描写,而在18世纪已经有了直接共产主义的理论(摩莱里和马布

---

[1] 习近平:《坚持和发展中国特色社会主义要一以贯之》,《求是》2022年第18期。

利)。……后来出现了三个伟大的空想主义者：圣西门、傅立叶和欧文。"[1] 由此，我们可以将空想社会主义的形成与发展历程分为三个主要阶段。其一，形成期，"理想社会制度的空想的描写"。这一时期的成果主要有托·莫尔的著作《乌托邦》和托·康帕内拉的《太阳城》，主要表现为以文学形式描绘对未来社会的构想。其二，发展期，"直接共产主义理论"。以摩莱里和马布利等为代表的直接共产主义理论，也叫作禁欲主义的、斯巴达式的共产主义，既主张将平等的要求由政治权利方面扩大到个人的社会地位方面，也主张消灭阶级差别本身。其三，高峰期，"伟大的空想社会主义"。以圣西门、傅立叶和欧文为代表的空想社会主义者较为系统地阐述了消除阶级差别、设计未来社会的方案，使空想社会主义发展到顶峰。然而，这些形形色色的社会主义学说，只停留于对穷人被剥削命运的朴素同情，或寄希望于资产阶级"上流社会"，或醉心于设计未来社会的详尽方案，或在一亩三分地中建立共产主义试验区，并没有真正地认识到资本主义社会不合理和非正义之处的实质问题。

空想社会主义之所以难以找到批判旧世界、发现新世界的科学道路，除了受限于当时资本主义发展仍不成熟的客观条件，也囿于空想社会主义唯心史观的精神实质。也就是说，空想社会主义仍停留在抽象的人道主义和社会主义原则之上，仅能对资本主义作道德批判而非现实批判，仅能从道德上确立社会主义的理

---

[1]《马克思恩格斯文集》第九卷，北京：人民出版社，2009年，第21页。

想方案，难以寻求变革的实践道路。正如恩格斯所强调："为了使社会主义变为科学，就必须首先把它置于现实的基础之上。"[1] 空想社会主义者并未深入到人类社会的深层脉动中，这一局限性使其难以实现从理想到现实的跃升，更难以真正推动社会发展。

科学社会主义与空想社会主义最本质的区别在于，其价值理想建立在科学而非空想的基础上。马克思主义清楚地认识到，尽管资产阶级政治解放对于推翻封建专制统治、促成现代政治国家的诞生等均具有积极意义，但是资本主义社会少数群体对多数群体的剥削依然存在，政治、经济、精神等各层面对人的压迫依然存在。为此，马克思、恩格斯强调"我们不想教条地预期未来，而只是想通过批判旧世界发现新世界"[2]。这两位伟大的思想家，运用实践的辩证方法，从资本主义社会现有的矛盾出发，猛烈地批判了资本主义社会所具有的虚伪性，分析"资本主义怎么了、无产阶级怎么办"等问题，提出"资产阶级的灭亡和无产阶级的胜利是同样不可避免的"[3]。在恩格斯看来，"科学社会主义就是以这个问题的解决为起点，并以此为中心的"[4]。马克思还辩证地指出资本主义灭亡具有条件性，也就是"无论哪一个社会形态，在它所能容纳的全部生产力发挥出来以前，是决不会灭亡的；而新的更高的生产关系，在它的物质存在条件在旧社会的胎

---

[1]《马克思恩格斯文集》第九卷，北京：人民出版社，2009年，第22页。
[2]《马克思恩格斯文集》第十卷，北京：人民出版社，2009年，第7页。
[3]《马克思恩格斯文集》第二卷，北京：人民出版社，2009年，第43页。
[4]《马克思恩格斯文集》第九卷，北京：人民出版社，2009年，第212页。

胞里成熟以前,是决不会出现的"[1]。

习近平总书记指出:"科学社会主义和空想社会主义的一大区别,就在于它不是一成不变的教条,而是把社会主义看作一个不断完善和发展的实践过程。"[2] 社会主义必然代替资本主义是人类社会发展不可逆转的总趋势,问题的关键在于能否将科学社会主义原则运用于现实。究其理论渊源,实践性是马克思主义理论区别于其他理论的显著特征。可以说,从柏拉图到黑格尔,整个西方哲学所关注的都是抽象的思想世界,十分强调以思想观念为基点构建理论体系,属于形而上学的纯哲学。而马克思主义则对西方哲学传统的形而上学缺陷进行了扬弃,关注人和人的现实活动,开启了现代西方哲学的实践转向,开启了从"解释世界"到"改变世界"的变革。也正是从这一意义上来说,只有结合实践,才能让社会主义建设经验从无到有、从少到多,才能实现对社会主义建设规律的认识升华。

如果说科学社会主义的确立实现了由空想到科学的飞跃,那么十月革命后第一个社会主义国家的建立则象征着科学社会主义从理论走向实践。在这一过程中,以列宁为代表的俄国共产党人结合本国国情进一步发展了马克思主义。比方说,列宁以马克思主义的社会基本矛盾为依据,分析了帝国主义时代的基本矛盾和特征,指出帝国主义经济政治发展不平衡的客观现象,创造

---

[1]《马克思恩格斯文集》第二卷,北京:人民出版社,2009年,第592页。
[2]《习近平著作选读》第二卷,北京:人民出版社,2023年,第281—282页。

性地提出了"一国胜利"论，认为社会主义革命可以在资本主义统治比较薄弱的落后国家率先取得胜利，这为俄国十月革命的胜利提供了科学理论指导。同时，列宁在充分遵循马克思主义基本原理的前提下，立足于俄国社会转型的客观实际，独具匠心地提出新经济政策等观点，对苏联社会主义事业的发展产生了深远影响。

二战以后，一批社会主义国家的诞生尤其是新中国的成立，则标志着科学社会主义从一国实践走向多国发展。自从新民主主义革命取得胜利，中国便开启了探索社会主义建设和改革的实践道路。新中国成立初期，国民党残余势力尚待歼灭，严重的经济建设任务尚待解决，我们党执政面临极大考验。"如何实现从新民主主义到社会主义的转变""如何推进社会主义建设"的现实问题亟待解决。据此，在社会主义过渡时期，我们党的中心任务主要围绕国民经济的恢复、"一五"计划的施行以及社会主义改造等展开；在全面建设社会主义时期，我们党开启了全面进行社会主义建设的艰辛探索。改革开放和社会主义现代化建设新时期，我们党开启了中国特色社会主义伟大事业，可以说，中国特色社会主义的历史发展就是共产主义实践的一部分。"马克思主义产生和发展、社会主义国家诞生和发展的历程充满着斗争的艰辛。建立中国共产党、成立中华人民共和国、实行改革开放、推进新时代中国特色社会主义事业，都是在斗争中诞生、在斗争中发展、在斗争中壮大的。"[1]事实证明，只有社会主义才能救中国，只有社会主义才能发展中国，正是由于马克思主义与中国具体实际相结合，社会主义才得以在中国焕发生机与活力。

科学社会主义之所以在中国得以发展，首先是因为共产党人对社会主义发展阶段的深刻认知。在结合具体实际运用马克思主义解决中国问题的基础之上，我们党不断深化对社会主义发展规律的认识，并在此过程中逐步明确了社会主义发展具有必然性和阶段性的统一。例如，毛泽东在读苏联《政治经济学教科书》时指出："社会主义这个阶段，又可能分为两个阶段，第一个阶段是不发达的社会主义，第二个阶段是比较发达的社会主义。后一阶段可能比前一阶段需要更长的时间。"[2]1987年8月，邓小平在会见意大利共产党领导人时也指出："社会主义本身是共产主义的初级阶段，而我们中国又处在社会主义的初级阶段，就是不发达的阶段。"[3]我们党通过对社会主义发展阶段的划分，深化了对不同历史方位主要矛盾的认识，进而制定出更加顺应时代要求的路线方针政策，这是推动社会主义事业向前发展的必要条件。进入新时代，习近平总书记深刻指出："今天我们所处的新发展阶段，就是社会主义初级阶段中的一个阶段，同时是其中经过几十年积累、站到了新的起点上的一个

---

[1]《习近平著作选读》第二卷，北京：人民出版社，2023年，第257页。
[2]《毛泽东年谱（1949—1976）》第四卷，北京：中央文献出版社，2013年，第264页。
[3]《邓小平年谱（1975—1997）》下卷，北京：中央文献出版社，2004年，第1203页。

阶段。"[1]新发展阶段是新时代中国共产党人结合中国特色社会主义发展阶段对我国所处的经济发展历史方位的新研判,对于贯彻新发展理念、构建新发展格局、推动第二个百年奋斗目标的实现具有重要意义。

科学社会主义之所以在中国得以发展,还取决于中国共产党人善于抓住和利用各类历史机遇,准确把握不同阶段历史大势。正是由于十月革命的胜利和社会主义浪潮的兴起,我们党在这股世界大潮中应运而生。正是由于对世界反法西斯大局的科学把握,我们党带领中国人民抗日救国,进而取得了抗日战争的伟大胜利。正是由于对亚非拉民族解放运动的深刻洞察,我们党顺应大势带领中国人民建立新的国家政权。正是由于对和平与发展主题的深刻把握,我们党作出了改革开放这一伟大战略决策。正是由于对实现现代化这一人类社会发展共同趋向的深刻把握,我们党在坚持科学社会主义基本原则的基础上赋予其鲜明的中国特色,初步构建了中国式现代化的理论体系,开启了推进中国式现代化新征程。"科学社会主义在中国的成功,对马克思主义、科学社会主义的意义,对世界社会主义的意义,是十分重大的。"[2]可以说,如果没有我们党对时代脉搏的精准把握,就没有一个又一个的伟大胜利,也谈不上科学社会主义在中国的实践发展。

---

[1]《习近平著作选读》第二卷,北京:人民出版社,2023年,第399页。
[2]《习近平谈治国理政》第三卷,北京:外文出版社,2020年,第70页。

三

把握共产党执政规律的理论武器

从南湖红船的星星之火,到天安门城楼上的庄严宣告,再到新时代中国特色社会主义辉煌篇章的书写,一百多年来我们党历经沧桑而风华正茂,已经发展成为在最大的社会主义国家执政超七十载、拥有九千九百多万党员的世界上最大的马克思主义执政党。我们党之所以能够始终站在时代潮流的最前列,带领中国人民不断攻坚克难,绘制中华民族千秋伟业的宏伟蓝图,是因为我们党始终坚持马克思主义这一把握共产党执政规律的理论武器,并在此基础上不断推动理论创新和实践创新。习近平总书记指出:"中国共产党为什么能,中国特色社会主义为什么好,归根到底是因为马克思主义行。马克思主义之所以行,就在于党不断推进马克思主义中国化时代化并用以指导实践。"[1]这一论断深刻揭示了百年奋斗历程中马克思主义与中国共产党的互动逻辑,为我们理解马克思主义与中国共产党的关系提供了重要切入点。一方面,马克思主义的指导赋予了中国共产党突出的理论优势与鲜明的政治底色。只有在马克思主义理论的武装下、在马克思主义信仰的灌溉下,中国共产党才能凭借高度的思想理论

---

[1]《习近平谈治国理政》第四卷,北京:外文出版社,2022年,第29页。

优势和坚定的理想信念领导无产阶级解放这一伟大的实践运动。另一方面，中国共产党也是马克思主义的重要发展主体与实践主体。"马克思主义能不能在实践中发挥作用，关键在于能否把马克思主义基本原理同中国实际和时代特征结合起来。"[1]面对不断变化的世界和中国，如果没有中国共产党以高度的自觉和无畏的勇气持续结合中国实际推进理论创新，马克思主义也将丧失生命力、解释力，难以实现从科学思想到有组织有目的的行动的转变。

首先，马克思主义理论武装赋予了中国共产党执政本领上的先进性，回答了"如何执政"的问题。习近平总书记指出："马克思主义政党的先进性，首先体现为思想理论上的先进性。注重思想建党、理论强党，是我们党的鲜明特色和光荣传统。"[2]思想理论的先进性与马克思主义政党的先进性背后所反映的问题，实质上是学风与党风内在一致的问题。所谓学风，就是我们党如何对待马克思主义的态度问题。思想方法问题是开展工作的核心环节，能否用马克思主义及其中国化的最新成果武装全体党员，决定了我们党能否形成统一思想、统一意志、统一行动。也就是说，升华思想方法对于提升党的战斗力具有重要意义。回顾中国共产党的历史，不断加强理论武装是我们党带领中国人民不断从胜利走向新的胜利的成功经验。譬如，延安整风时期，

---

[1]《习近平谈治国理政》第四卷，北京：外文出版社，2022年，第30页。
[2]《习近平著作选读》第二卷，北京：人民出版社，2023年，第299页。

我们党通过开展党内马克思主义理论教育活动，在同主观主义、宗派主义、党八股等不良作风作斗争的过程中对党员思想进行了系统的改造，这为夺取抗日战争和解放战争的胜利打下了坚实思想基础。鉴于新中国成立初期错综复杂的政治形势和"一穷二白"的经济形势所带来的执政考验，毛泽东曾审定一套十二种的"干部必读"书目，将其作为新中国成立初期广大干部学习马克思主义理论的重要教材。

马克思主义理论武装之所以赋予了我们党执政本领的先进性，根本原因在于马克思主义的科学性为我们党解释世界、把握规律、改造世界提供了有力工具。"要认真学习马克思主义理论，这是我们做好一切工作的看家本领，也是领导干部必须普遍掌握的工作制胜的看家本领。"[1]辩证唯物主义与历史唯物主义是马克思主义的根本内容与核心要义，是中国共产党人认识世界和改造世界的世界观和方法论。系统学习和掌握马克思主义立场观点方法，坚持实事求是的重要思想方法，把握和运用矛盾分析法、历史分析法、阶级分析法等，有助于提升我们党的战略思维能力和科学决策能力、增强党的路线方针政策的先进性，"避免陷入少知而迷、不知而盲、无知而乱的困境"，"克服本领不足、本领恐慌、本领落后的问题"[2]。"学者非必为仕，而仕者必为学"，也正因如此，共产党人要主动将读原著、学原文、悟原理融入日常工作生

---

[1]《习近平谈治国理政》第一卷，北京：外文出版社，2018年，第404页。
[2]《习近平谈治国理政》第一卷，北京：外文出版社，2018年，第404页。

活中，通过持续学习将马克思主义内化于思想方法，并自觉运用其指导实践，助力中国特色社会主义事业向前发展。

加强马克思主义理论武装对于建设学习型政党具有高度的战略意义。从知识更新的速率来看，"有人研究过，18世纪以前，知识更新速度为90年左右翻一番；20世纪90年代以来，知识更新加速到3至5年翻一番。近50年来，人类社会创造的知识比过去3000年的总和还要多"[1]。历经从农耕文明时代到工业经济时代再到知识经济时代的演变，知识更新程度也因社会急速变迁而迅速提升。根据联合国教科文组织统计，近30年来人类所积累的科学知识占有史以来科学知识的90%，也就是说，近几十年来人类创造的知识总量远超过去几千年来积累的总和。在知识呈指数级增长的情况下，只有不断学习，加快知识结构更新，掌握科学的分析和思维方法，才能不断增强本领、跟进时代。从国际国内的新变化来看，今天，世界的时代变化与我国发展的广度和深度远远超出了马克思主义经典作家当时的想象。中华民族伟大复兴战略全局和世界百年未有之大变局相互激荡，解决中国问题的实际需要变得更加迫切和困难。当代中国正在经历人类历史上最为宏大而独特的实践创新，改革发展稳定任务之重、矛盾风险挑战之多、治国理政考验之大都前所未有，世界百年未有之大变局加速演进，提出了大量亟待回答的理论和实践课题。只有加紧学习，真正学懂弄通马克思主义立场观点方法，才能使全

---

[1]《习近平谈治国理政》第一卷，北京：外文出版社，2018年，第403页。

党在复杂形势下把握正确的前进方向，提升工作水平和质量，推动党和国家事业发展。

其次，对马克思主义的信仰构筑了中国共产党执政理念上的价值性，回答了"为谁执政"的问题。"石可破也，而不可夺坚；丹可磨也，而不可夺赤。"一个政党不能没有自己的政治灵魂，中国共产党始终以马克思主义为武装、以共产主义为崇高理想，将马克思主义作为指引奋斗方向的灯塔。习近平总书记曾经多次阐发马克思主义之于中国共产党理想追求和价值目标的重要意义。一是"灵魂旗帜说"。例如，"对马克思主义的信仰，对社会主义和共产主义的信念，是共产党人的政治灵魂。"[1]"中国共产党从诞生之日起，就把马克思主义鲜明地写在自己的旗帜上。"[2]"马克思主义是我们立党立国的根本指导思想，是我们党的灵魂和旗帜。"[3] 二是"理想信念说"。例如，"我们共产党人的本，就是对马克思主义的信仰，对中国特色社会主义和共产主义的信念，对党和人民的忠诚。"[4]"坚定的理想信念，必须建立在对马克思主义的深刻理解之上，建立在对历史规律的深刻把握之上。"[5]"中国共产党的理想信念，就是马克思主义真理信仰，共产主义远大

---

[1]《习近平谈治国理政》第一卷，北京：外文出版社，2018年，第15页。
[2] 习近平：《在"不忘初心、牢记使命"主题教育工作会议上的讲话》，北京：人民出版社，2019年，第2页。
[3]《习近平著作选读》第二卷，北京：人民出版社，2023年，第483页。
[4]《习近平谈治国理政》第二卷，北京：外文出版社，2017年，第326页。
[5]《习近平谈治国理政》第二卷，北京：外文出版社，2017年，第35页。

理想，中国特色社会主义共同理想。"[1]"拥有马克思主义科学理论指导是我们党坚定信仰信念、把握历史主动的根本所在。"[2]三是"初心使命说"。例如，"我们党的初心和使命是建立在马克思主义科学理论基础之上的。"[3]"共产党人的初心，不仅来自于对人民的朴素感情、对真理的执着追求，更建立在马克思主义的科学理论之上。"[4]

其实，无论是"灵魂旗帜说"，还是"理想信念说"，抑或是"初心使命说"，背后所一致折射出来的问题也就是马克思主义科学理论与中国共产党人科学信仰之间的关系。一方面，科学信仰建立在科学理论的基础之上。对于中国共产党人而言，能否深入认识和掌握真理是能否建立科学信仰的理论基础。也就是说，中国共产党人越是深入理解人类社会发展规律和社会主义建设规律，越能把握到"资本主义必然灭亡、社会主义必然胜利"的科学趋势不是建立在简单的价值判断之上而是严密的科学分析之上，越能坚定对实现共产主义这一最高理想的追求与奋斗，进而在现实行动中不断为中国人民谋幸福、为中华民族谋复兴。另一方面，科学理论的实践以科学信仰为精神力量。"心有所信，方能行远。面向未来，走好新时代的长征路，我们更需

---

[1]《习近平著作选读》第二卷，北京：人民出版社，2023年，第119页。
[2]《习近平著作选读》第一卷，北京：人民出版社，2023年，第14页。
[3]《习近平谈治国理政》第三卷，北京：外文出版社，2020年，第529页。
[4]《习近平著作选读》第二卷，北京：人民出版社，2023年，第299页。

要坚定理想信念、矢志拼搏奋斗。"[1]历史长河不断向前推进，要真正实现共产主义的理想信念，抵达科学理想的彼岸，离不开一代又一代人的不懈奋斗。不论顺境逆境，对马克思主义的深入理解一旦被内化为坚定的精神力量，就将成为党的全部奋斗行动的"集结号""冲锋号"，搭建铸就新的历史伟业的精神支柱。

习近平总书记指出："背离或放弃马克思主义，我们党就会失去灵魂、迷失方向。"[2]对马克思主义的信仰是中国共产党人的本，倘若不高举马克思主义的旗帜，将使得我们党在前进道路上迷失方向。试想，如果我们党在新民主主义革命时期背弃马克思主义，陷入"城市中心论"的错误路线，何谈新民主主义革命事业的胜利？如果我们党在改革开放初期背离马克思主义，盲目照搬西方发展模式，何谈中国特色社会主义事业的发展？"国内外各种敌对势力，总是企图让我们党改旗易帜、改名换姓，其要害就是企图让我们丢掉对马克思主义的信仰，丢掉对社会主义、共产主义的信念。"[3]一旦为西方"普世价值"、话语体系所迷惑，背弃或放弃马克思主义，迎来的将会是亡党亡国的悲剧。苏联这一曾经的社会主义国家分崩离析，就是血的教训。以习近平同志为核心的党中央立足于马克思主义政党的最高奋斗目标，着眼于补足共产党人的精神之钙，致力于巩固马克思主义在意识形态

---

[1]《习近平书信选集》第一卷，北京：中央文献出版社，2022年，第283页。

[2] 习近平：《在庆祝中国共产党成立95周年大会上的讲话》，北京：人民出版社，2016年，第9页。

[3]《习近平谈治国理政》第二卷，北京：外文出版社，2017年，第327页。

领域的指导地位，巩固全党全国人民团结奋斗的共同思想基础。党的十八大以来，党中央先后组织开展了党的群众路线教育实践活动、"三严三实"专题教育、"两学一做"学习教育、"不忘初心、牢记使命"主题教育、党史学习教育、学习贯彻习近平新时代中国特色社会主义思想主题教育、党纪学习教育等 7 次党内集中教育。

最后，中国共产党在领导中国革命和建设的过程中，不断推进马克思主义中国化，也丰富和发展了马克思主义，赋予其新的生命力。习近平总书记指出："我们党的历史，就是一部不断推进马克思主义中国化的历史，就是一部不断推进理论创新、进行理论创造的历史。"[1]可以说，马克思主义之所以能够永葆美丽青春，在二十一世纪的中国仍然焕发出蓬勃的生机活力，既依赖于这一理论与时俱进的理论禀赋，也离不开我们党在指导实践中不断推进马克思主义中国化时代化。马克思主义是我们党和国家不断探索时代发展课题、回应人类社会新挑战的有力武器，是引领当代中国实践的"魂脉"。

马克思主义是一个开放的理论体系，这要求中国共产党人不断推进马克思主义中国化时代化。"每一个时代的理论思维，包括我们这个时代的理论思维，都是一种历史的产物，它在不同的时代具有完全不同的形式，同时具有完全不同的内容。"[2]勇于自

---

[1]《习近平著作选读》第二卷，北京：人民出版社，2023 年，第 419 页。
[2]《马克思恩格斯文集》第九卷，北京：人民出版社，2009 年，第 436 页。

我批判与革新是马克思主义的鲜明特征，基于科学世界观方法论与具体结论局限性之间的内在矛盾，马克思主义始终要求不断结合具体实际剔除已有的过时结论，以始终保持理论对于实践的适应性。比如说，《共产党宣言》中就存在多处对原有观点加以修正的地方。"由于首先有了二月革命的实际经验而后来尤其是有了无产阶级第一次掌握政权达两月之久的巴黎公社的实际经验，所以这个纲领现在有些地方已经过时了。""关于共产党人对待各种反对党派的态度的论述（第四章）虽然在原则上今天还是正确的，但是就其实际运用来说今天毕竟已经过时，因为政治形势已经完全改变"[1]。马克思主义从不认为自己已经穷尽了真理，而始终要求理论要与实践相适应，要随着实践的发展不断向前发展。也就是说，马克思主义不是教条而是科学指南，它能为各国实践提供方法支持，但并不能给各国提供现成的教程。只有坚持从客观实际出发而不是从主观意愿出发，才能使主观与客观相符合，进而帮助我们更好地认识世界和进行实际工作。

回答并指导解决中国问题并没有现成的答案，中国共产党在实践中丰富和发展了马克思主义。"马克思主义就是中国共产党人从国外学来的科学真理。我们结合中国实际，不断推进马克思主义中国化时代化大众化，使之成为指导中国共产党领导中国人民不断前进的科学理论。"[2]也就是说，要不断以马克思主义

---

[1]《马克思恩格斯文集》第二卷，北京：人民出版社，2009年，第5—6页。
[2]《习近平谈治国理政》第三卷，北京：外文出版社，2020年，第438页。

之"矢"射中国之"的"。新民主主义革命时期,毛泽东深入探究并阐明了新民主主义革命道路理论,为我们全面阐释了革命的性质、目标以及方法等诸多核心问题。进入社会主义革命与建设阶段,面对国家基础薄弱的现实状况,毛泽东提出了"第二次结合"的重要思想,引导我国成功完成了社会主义改造的艰巨任务。在改革开放和社会主义现代化建设新时期,中国共产党人继续深化探索,围绕"如何推进改革开放与社会主义现代化建设"这一核心议题,逐步形成了具有中国特色的社会主义理论体系。党的十八大以来,以习近平同志为核心的党中央着眼于国际国内的新变化,科学回答了"坚持和发展什么样的中国特色社会主义、怎样坚持和发展中国特色社会主义,建设什么样的社会主义现代化强国、怎样建设社会主义现代化强国,建设什么样的长期执政的马克思主义政党、怎样建设长期执政的马克思主义政党"等重大时代课题;以习近平同志为主要代表的中国共产党人创立了习近平新时代中国特色社会主义思想,"十个明确""十四个坚持""十三个方面成就"是这一思想的主要内容。习近平新时代中国特色社会主义思想是立足于中国新的实践需要推进马克思主义中国化时代化的最新产物,为新时代坚持和发展马克思主义提供了科学理论指导和行动指南。我们必须在实践中坚持好、运用好习近平新时代中国特色社会主义思想的世界观和方法论,不断丰富和发展当代中国的马克思主义、二十一世纪的马克思主义,使马克思主义在中国展现出强大的生命力。

第二章

——

中华优秀传统文化何以为"根脉"?

中华优秀传统文化孕育于五千多年的文明发展历程之中，作为中华民族悠久历史的精神载体，囊括了哲学、文学、艺术、社会风俗、道德规范等多个方面的具体元素，意蕴悠长、内涵独特。党的十八大以来，以习近平同志为核心的党中央高度重视中华优秀传统文化的重要地位和深刻价值，突出强调传承和发展中华优秀传统文化的相关问题，提出了"中华优秀传统文化是中华文明的智慧结晶和精华所在，是中华民族的根和魂，是我们在世界文化激荡中站稳脚跟的根基"[1]"中华优秀传统文化源远流长、博大精深，是中华文明的智慧结晶"[2]等一系列重要论断。2022年10月28日，习近平总书记在考察河南安阳殷墟遗址时又特别指出："中华优秀传统文化是我们党创新理论的'根'，我们推进马克思主义中国化时代化的根本途径是'两个结合'。"[3]

　　"根脉"论断的提出，从推动党的理论创新的高度突出说明了中华优秀传统文化在新时代新征程上的重要价值。这一论断充分彰显了当代中国共产党人全面挖掘中华民族五千多年文明宝库、激活中华优秀传统文化中富有生命力的优秀因子，从而彰显其时代风采的信心和决心，深刻体现了中国共产党人的历史主动

---

[1]《习近平关于社会主义精神文明建设论述摘编》，北京：中央文献出版社，2022年，第236页。

[2] 习近平：《高举中国特色社会主义伟大旗帜　为全面建设社会主义现代化国家而团结奋斗——在中国共产党第二十次全国代表大会上的报告》，北京：人民出版社，2022年，第18页。

[3]《全面推进乡村振兴　为实现农业农村现代化而不懈奋斗》，《人民日报》2022年10月29日。

精神和历史创造精神。那么，当代中国共产党人从理论创新这一新视角，赋予中华优秀传统文化以"根脉"的突出地位，有着什么样的内外依据和缘由？只有立足于历史与现实、中国与世界相统一的视角，充分揭示中华优秀传统文化作为一种生生不息、不断发展壮大的强大思想力量，不仅直接关联着中华文明的赓续和发展，同时也为人类文明的变革和演进作出了重要贡献，方能回答好其何以成为理论创新之"根脉"这一重要问题。

一

中华民族的精神命脉

中华优秀传统文化从历史的滚滚洪流中走来，作为中华民族发展演进过程中贯穿始终的线索，深刻地影响了历史进程。早在2014年，习近平总书记就在纪念孔子诞辰2565周年国际学术研讨会暨国际儒学联合会第五届会员大会开幕会上深刻指出："优秀传统文化是一个国家、一个民族传承和发展的根本，如果丢掉了，就割断了精神命脉。"[1] 其中的"精神命脉"一词颇具表现力和感染力，突出说明了优秀传统文化与国家、民族的生命延

---

[1] 习近平:《在纪念孔子诞辰2565周年国际学术研讨会暨国际儒学联合会第五届会员大会开幕会上的讲话》，北京：人民出版社，2014年，第11页。

续之间存在着密切联系，切实关乎国本、国运。此后，习近平总书记多次从"精神命脉"的定位出发，延伸说明中华优秀传统文化对于中华民族的重要价值："在5000多年文明发展中孕育的中华优秀传统文化，在党和人民伟大斗争中孕育的革命文化和社会主义先进文化，积淀着中华民族最深层的精神追求，代表着中华民族独特的精神标识。"[1]"在历史长河中，中华民族形成了伟大民族精神和优秀传统文化，这是中华民族生生不息、长盛不衰的文化基因，也是实现中华民族伟大复兴的精神力量，要结合新的实际发扬光大。"[2]真正实现薪火相传、代代守护，离不开充分认识中华优秀传统文化作为中华民族的精神命脉具有什么样的具体表征和深刻意涵。

从最为整体和宏阔的视角来看，我们之所以说中华优秀传统文化成为中华民族的精神命脉，首先是因为作为中华文化的发轫地、中华文化基本内涵的寄托场，其构筑了中华民族赖以存续的精神家园。习近平总书记指出："文化是民族的血脉，是人民的精神家园。"[3]放眼人类社会的发展演进历程，任何一个国家、任何一个民族要在浩浩荡荡的历史潮流中留下属于自己的印记，所凭借的往往并不是辽阔的幅员或众多的人口，亦不是强大的经济实力或巨大的军事规模，而是在传承、发展和延续本国、本民

---

[1]《习近平谈治国理政》第二卷，北京：外文出版社，2017年，第36页。
[2]《习近平关于社会主义精神文明建设论述摘编》，北京：中央文献出版社，2022年，第233页。
[3]《十八大以来重要文献选编（上）》，北京：中央文献出版社，2014年，第24页。

族优秀传统文化的基础上形成的精神家园。这是因为精神家园能够带来显著的凝聚力、感召力和引领力，承载起人们的理想信念、情感寄托和价值追求。对每个个体而言，也正是因为一方面生活在有空间形态的物质家园之中，另一方面又同时生活在无形的精神家园之中，才会拥有心灵的归宿，进而形成充实感、安定感和幸福感，反之就容易产生空虚感、忧虑感和痛苦感。个体共同的精神家园，就是我们民族的精神家园。

习近平总书记将这一家园中的具体精神要素概括为六个方面，即"崇仁爱、重民本、守诚信、讲辩证、尚和合、求大同"[1]。这些要素最终转化为更加具体的精神追求，体现在中国人具体的行为规范、文明风尚、风俗习惯和生活方式等多个层面。比如，从对于理想社会的追求和向往来看，中华民族早就倡导天下大同、万邦咸宁的秩序；再如，关于主体间交往的问题，中华优秀传统文化中蕴含着以诚待人、公平公正、言行一致等理性化状态；又如，古代中国孕育着惊人的政治智慧，其中所内含的诸如居安思危、礼义廉耻、有备无患、怀德柔远、睦邻安边等观念，即便对照现代民族国家的政治观念来看，同样具有一定的先进性和启发性；还如，在颇为具体的生活智慧和美学追求方面，传统中国人也留下了诸如"兴于诗，立于礼，成于乐"等经典表述，并且凝结出文以载道、以文化人、大道至简、素朴恬淡、形

---

[1]《习近平关于社会主义精神文明建设论述摘编》，北京：中央文献出版社，2022年，第183页。

神兼备等精神元素，展现出具有多样性和珍贵性的人文气质。

　　这样的精神家园对中华民族而言，具有赖以存续的意义。这是因为自古以来，精神家园的功能、文化的发展就是与国家的前途命运紧密关联在一起的。近代以前，中国之所以能够在较长时间里一直保持着较为显著的世界地位和国际影响力，成为世人所知晓的世界强国之一，离不开精神家园中的各种文化元素不断展现出强大吸引力与出色感召力。这样的精神家园作为农耕文明中鲜明而典型的文化标识，"承载着华夏文明生生不息的基因密码，彰显着中华民族的思想智慧和精神追求"[1]，一度为古代中国人带来了民族自信心和自豪感，促使他们能够奋发有为、积极进取。得益于精神家园的存在，中华优秀传统文化不仅能够成为中华民族整体凝聚力的源泉，还能够成为全球范围内每个中华儿女个体的精神记忆。在此基础上，中华优秀传统文化不仅随着中华民族的繁衍轨迹逐渐发展壮大，也随着中国人走向世界的轨迹逐渐拓宽影响。倘若我们放弃了将中华优秀传统文化作为自身存在和发展的最大有利条件，忽视了其所构筑的精神家园所能发挥的作用，那就意味着丢弃了文化根基。最终不仅有可能丧失综合实力比拼过程中的竞争优势，甚至有可能陷入衰败乃至灭亡的惨痛境地。

　　在这样的精神家园之中，中华优秀传统文化持续发挥作用，

---

[1]《习近平关于社会主义精神文明建设论述摘编》，北京：中央文献出版社，2022年，第224页。

真正"活"了起来，则主要是因为其始终如一地提供着中华民族生生不息的精神滋养。"中华民族具有百万年的人类史、一万年的文化史、五千多年的文明史。"[1]回顾中华民族发展史，我们的民族一路走来，并非一帆风顺、一路凯歌，也曾经一度遭受挫折与劫难，陷入国家蒙辱、人民蒙难、文明蒙尘的悲惨境地。但是我们能够在风雨飘零中屹立不倒、涅槃重生，一个重要的原因就在于博大精深的中华优秀传统文化作为一种强有力的支撑，在几千年的历史流变和时代更迭中，始终如一地为中华民族克服各种困难、战胜各种险阻提供着不可或缺的精神滋养。最终，中华儿女不畏艰险、继往开来，他们出色的能动性和创造性得以被凝结，进而带来了中华民族的生生不息。

中华优秀传统文化之所以能够提供这样的精神滋养，主要是因为其中的许多具体文化元素承载着中华民族世代以来一脉相承的特定世界观、人生观和价值观，尤其是其所内含的气度、神韵、智慧、观念等独一无二的核心意涵，往往能够代表中华民族的生存样态、思维特质和价值理念。这些内容俨然可以被称作中华民族最为基本的文化基因，虽然历经时光的流转，却依然焕发着生机和活力。由此，中华民族便能够与其他民族显著地区分开来，展现出自身的特征和优势。这促使中华儿女内心深处的自信度和自豪感不断增进，也促使古老的中华民族虽历经沧桑、饱经挫折却依然生生不息、奋勇向前。

---

[1] 习近平：《在文化传承发展座谈会上的讲话》，北京：人民出版社，2023年，第1页。

在滋养中华民族的诸多优秀传统文化元素中,家国情怀最具典型性和代表性。习近平总书记深刻指出:"深厚的家国情怀与深沉的历史意识,为中华民族打下了维护大一统的人心根基,成为中华民族历经千难万险而不断复兴的精神支撑。"[1]作为贯穿于中华优秀传统文化的一条重要线索,家国情怀不仅成为熔铸于中华儿女血脉的情感记忆,也映射着中华文明的统一性特征。受到家国情怀的驱动,"国土不可分、国家不可乱、民族不可散、文明不可断"的共同理想信念在历朝历代都得到了延续,加之"天行健,君子以自强不息"这一奋发进取精神的影响,所以我们看到了在矢志不渝地追求和捍卫统一的实践中,既有前仆后继、救亡图存的壮怀激烈,也有深藏功名、以身许国的赤子忠诚,还有"清澈的爱,只为中国"的无悔誓言。这些都与中华优秀传统文化中的家国情怀环环相扣、紧密相连,最终所带来的,是中华儿女的团结一心、百折不挠、奋发进取,是中华民族的生生不息、屡仆屡兴、愈挫愈勇。作为马克思主义与中华优秀传统文化相结合成果的革命文化,便能够作为一个典例,进一步印证中华优秀传统文化对中华民族的精神滋养。革命文化以家国情怀为鲜明底色,以革命精神为主要内容,俨然已经成为党和国家宝贵的精神财富,成为滋养一代又一代中国共产党人牢记初心、担当使命的精神力量源泉。

这样的一种精神滋养,在新时代新征程上依然重要。实现

---

[1] 习近平:《在文化传承发展座谈会上的讲话》,北京:人民出版社,2023年,第2页。

中华民族伟大复兴，是中华民族近代以来最伟大的梦想，也是中国共产党自成立之日起就肩负着的历史使命。当前，"实现中华民族伟大复兴进入了不可逆转的历史进程"[1]，但依然并不是轻轻松松敲锣打鼓就能实现的，不仅需要有强大的物质力量作为保障，也离不开强大的精神力量作为滋养。求木之长者，必固其根本；欲流之远者，必浚其泉源。习近平总书记指出："当代中国是历史中国的延续和发展，当代中国思想文化也是中国传统思想文化的传承和升华，要认识今天的中国、今天的中国人，就要深入了解中国的文化血脉，准确把握滋养中国人的文化土壤。"[2]新时代新征程上，只有更加注重发挥中华优秀传统文化为中华民族的生生不息提供精神滋养的作用，总结其中的重点内容，发现其作用机制和作用路径，方能更好地以此滋养中华民族，促使中华民族在走向复兴的进程中展现更为独特的精神面貌；同时也更好地以此滋养中国人民，进一步铸就中国人民的志气、骨气和底气，最终形成更加持久而强大的凝聚力和向心力！

这种精神滋养，必须真正落到个体的身上，实现具象化。这便是说，中华优秀传统文化还在持续形塑着中华儿女代代相传的精神品质。习近平总书记指出："中华优秀传统文化已经成为

---

[1] 习近平：《高举中国特色社会主义伟大旗帜　为全面建设社会主义现代化国家而团结奋斗——在中国共产党第二十次全国代表大会上的报告》，北京：人民出版社，2022年，第16页。

[2] 习近平：《在纪念孔子诞辰2565周年国际学术研讨会暨国际儒学联合会第五届会员大会开幕会上的讲话》，北京：人民出版社，2014年，第12页。

中华民族的基因，植根在中国人内心，潜移默化影响着中国人的思想方式和行为方式。"[1]中国人的文化基因建立在中华优秀传统文化之上，中华儿女所共同秉持的情感和价值、共同拥有的理想和追求，均由中华优秀传统文化培养和形塑而成。但其中最重要的是对精神品质的形塑，因为只有其内部的成员具备了代代相传的优秀精神品质，这个国家或民族才称得上在精神上是富足的而非荒芜的，由此才能更好地站在道义的制高点。

这些优秀的精神品质最终将会汇聚为民族精神这一整体。正如个人需要讲求精气神一样，对一个民族而言，是否具备独特而深厚的民族精神，对塑造民族的内在气质而言也具有不可或缺的作用。随着时光的流转和大势的变迁，我们的民族精神的基本内涵有所充实和丰富，但是其中的核心内容经由文化教育、礼仪习俗等形式，借助家庭教育、学校教育、社会教育等渠道，逐渐渗透到普通民众的日常生活之中，对于继续形塑一代代中国人的精神品质持续发挥着作用。在民族精神的熏陶下，无数仁人志士和民族英雄渐次涌现，成为鲁迅先生笔下"埋头苦干""拼命硬干""为民请命""舍身求法"的群体。在漫长的历史岁月里，民族精神俨然成为中华儿女英勇奋起抵御外敌入侵、捍卫国家统一和维护民族团结的强大精神支柱；而相应的团结奋斗经历又反过来不断充实着民族精神的内涵，使其日臻丰富进而更好地

---

[1]《习近平关于社会主义精神文明建设论述摘编》，北京：中央文献出版社，2022年，第215页。

得到传承。对此,党的十六大报告对民族精神进行了概括,表述为"以爱国主义为核心的团结统一、爱好和平、勤劳勇敢、自强不息"[1]。

2018年3月20日,习近平总书记在第十三届全国人民代表大会第一次会议上,依据新时代中国特色社会主义文化建设的需要,高度凝练、清晰概括和生动阐发了"伟大民族精神"这一概念的内涵,指出其"不仅铸就了绵延几千年发展至今的中华文明,而且深刻影响着当代中国发展进步,深刻影响着当代中国人的精神世界"[2]。"伟大民族精神"具体由"伟大创造精神""伟大奋斗精神""伟大团结精神"和"伟大梦想精神"四个范畴组成,这四者无一例外地植根于中华优秀传统文化的深厚土壤,无一例外地可以找到中华优秀传统文化中与之相呼应的具体元素。伟大创造精神呼应了中华优秀传统文化中推崇革故鼎新的创造精神传统,从《礼记》中的"苟日新,日日新,又日新",到北宋王安石主张的"尚变者,天道也",再到晚清梁启超提出的"惟进取也,故日新",都是这种传统的鲜明写照。伟大奋斗精神呼应了中华优秀传统文化中蕴含的艰苦奋斗、自强不息传统,后者具体可以表现为《周易》中的"天行健,君子以自强不息"、北宋张载提出的"艰难困苦,玉汝于成"等。伟大团结精神彰显了中国人自古以来注重团结的优良传统,正如习近平总书记所

---

[1]《十六大以来重要文献选编(上)》,北京:中央文献出版社,2005年,第30页。
[2] 习近平:《在第十三届全国人民代表大会第一次会议上的讲话》,北京:人民出版社,2018年,第2页。

指出："在几千年历史长河中，中国人民始终团结一心、同舟共济，建立了统一的多民族国家，发展了56个民族多元一体、交织交融的融洽民族关系，形成了守望相助的中华民族大家庭。"[1]伟大梦想精神也是由中华优秀传统文化中蕴含的敢于追梦、善于追梦等优秀品质积淀而成，《诗经》中记载的"民亦劳止，汔可小康"，《礼记》中记载的"大道之行也，天下为公，选贤与能，讲信修睦"等内容，就是中国人民的"小康""大同社会"等梦想的真实写照。面向未来，我们依然要坚持"本着科学的态度，继承和弘扬中华优秀传统文化，努力用中华民族创造的一切精神财富来以文化人、以文育人"[2]，进一步实现对中华儿女精神品质的形塑。

二

中国特色社会主义的文化沃土

马克思在《路易·波拿巴的雾月十八日》中指出："人们自己创造自己的历史，但是他们并不是随心所欲地创造，并不是

---

[1] 习近平：《在第十三届全国人民代表大会第一次会议上的讲话》，北京：人民出版社，2018年，第4页。

[2] 《习近平关于社会主义精神文明建设论述摘编》，北京：中央文献出版社，2022年，第213页。

在他们自己选定的条件下创造，而是在直接碰到的、既定的、从过去承继下来的条件下创造。"[1]这句话给置身于当代中国的我们带来了启示——将中国特色社会主义伟大事业不断推向前进，一切具体实践都不能脱离历史上积累下来的相应条件作为基础。这里所说的条件，既包括经济基础的内容，也包括思想文化、历史传统等上层建筑范畴。

作为中华儿女繁衍生息过程中的智慧结晶和共同记忆，中华优秀传统文化集中反映了中华民族的社会实践以及中国人民的思维方式，属于最应当为我们所珍视的思想文化和历史传统条件。习近平总书记曾经多次阐发中华优秀传统文化与中国特色社会主义之间的关系。例如，他在主持十八届中央政治局第十八次集体学习时提出："中华优秀传统文化是我们最深厚的文化软实力，也是中国特色社会主义植根的文化沃土"[2]；在学习贯彻习近平新时代中国特色社会主义思想和党的十九大精神研讨班开班式上更是生动地点明"中国特色社会主义不是从天上掉下来的……是对中华文明5000多年的传承发展中得来的"[3]。在2023年6月召开的文化传承发展座谈会上，习近平总书记又以发展的眼光，直接提出了"在五千多年中华文明深厚基础上开辟和发展中国特色社会主义"的重要命题，并突出强调："我们的社会主义为什

---

[1]《马克思恩格斯文集》第二卷，北京：人民出版社，2009年，第470—471页。
[2]《牢记历史经验历史教训历史警示　为国家治理能力现代化提供有益借鉴》，《人民日报》2014年10月14日。
[3]《习近平谈治国理政》第三卷，北京：外文出版社，2020年，第70页。

么不一样？为什么能够生机勃勃、充满活力？关键就在于中国特色。中国特色的关键就在于'两个结合'。"[1]这进一步启示我们，应当从作为中国特色社会主义的文化沃土的角度，对中华优秀传统文化的价值和功能予以阐发。

从历史文化的角度寻找当下发展的依据，这是历史唯物主义者在分析社会发展过程时经常遵循的路径之一。马克思在《〈政治经济学批判〉导言》中就曾经提出："希腊神话不只是希腊艺术的武库，而且是它的土壤。"[2]在对历史上存在的希腊神话这一璀璨瑰宝抱有崇高敬意的同时，马克思建构了它们与后世之间的关联，认为后世之所以会产生光彩夺目的希腊艺术，其实是由前者带来的必然效应，前者成为后者的依据。作为既敢于砸碎一个旧世界，又能建立一个新世界的先进的无产阶级政党，中国共产党深知"在历史进程中凝聚下来的优秀文化传统，决不会随着时间推移而变成落后的东西"[3]。因而在领导革命、建设和改革的具体实践中，中国共产党坚持从我国国情出发，"在中国大地上探寻适合自己的道路和办法"[4]，善于聚焦优秀文化传统，从中寻找形成中国道理、中国经验和中国理论的坚实依据，将其转化为"批判的武器"用于指导实践，促使所形成的相应道路、理论、

---

[1] 习近平：《在文化传承发展座谈会上的讲话》，北京：人民出版社，2023年，第7页。
[2]《马克思恩格斯文集》第八卷，北京：人民出版社，2009年，第35页。
[3]《习近平关于社会主义精神文明建设论述摘编》，北京：中央文献出版社，2022年，第209页。
[4]《习近平关于协调推进"四个全面"战略布局论述摘编》，北京：中央文献出版社，2015年，第84页。

制度和文化并不是照搬照抄到中国的"飞来峰",而是具有深刻的历史必然性与现实合理性。

中华优秀传统文化是中国历史上优秀文化传统的集中载体,也是中国共产党形成相应道路、理论、制度和文化的重要依据。纵观中国共产党的奋斗历程,不断坚守、传承与发展中华优秀传统文化,从中明确中国的国情和条件用以形成建章立制的依据,从中寻找智慧和力量用以指导执政兴国的进程,无疑是贯穿百年党史之中的一条红线,同时也成为推动这一历程的深厚动力。早在1944年,美国记者福尔曼前往华北抗日革命根据地和延安开展为期五个月的采访时,就明确指出共产党员极端注重他们的文化。中国共产党领导新民主主义革命胜利、建成人民共和国之后,先后创立的政治协商制度、人民代表大会制度等,承接着中华优秀传统文化所蕴含的民本思想、天下共治理念、"求同存异"的政治智慧和"商量"的施政传统等精华元素。以上诸方面,在中国特色社会主义实践中得到了进一步彰显,进而也促使中国特色社会主义牢牢扎根于中华大地、深深立足于波澜壮阔的中华五千多年文明史,具有了显著的历史必然与文化内涵。

正是因为如此,习近平总书记才会明确指出:"我们开辟了中国特色社会主义道路不是偶然的,是我国历史传承和文化传统决定的。"[1]对中国共产党而言,从中华优秀传统文化中寻找历史

---

[1]《习近平关于协调推进"四个全面"战略布局论述摘编》,北京:中央文献出版社,2015年,第84页。

依据谋划推进中国特色社会主义事业，也是依据历史的眼光和辩证的方法，推动实现对中华优秀传统文化的创造性转化和创新性发展的过程，由此也彰显了在中国特色社会主义事业进程中鉴别和对待中华优秀传统文化的应有态度。经由在扬弃中继承、在继承中发展、在发展中弘扬的系统性过程，作为中华民族最基本文化基因的中华优秀传统文化得以实现与当代社会的适应、与当代世界的协调，最终也成为中国共产党思想理论资源的有机组成部分和鲜明特色优势，在中国特色社会主义进程中展现出强大的生机与活力。将中华优秀传统文化作为中国特色社会主义的历史依据，也能充分说明中国共产党秉持"今天的中国是历史的中国的一个发展；我们是马克思主义的历史主义者，我们不应当割断历史"[1]这一信念，"坚守中华文化立场、传承中华文化基因，展现中华审美风范"[2]，从中华优秀传统文化出发，观察、分析和解决中国特色社会主义事业进程中的问题，确保中华文化以其具有独特性的姿态持续繁荣发展。

　　站在中国特色社会主义的宏观背景下回望中华优秀传统文化，其之所以能够被赋予"优秀"的标签，本身就与其能够泽被后世、滋养当代、不断彰显中国特色社会主义的独特优势有着密切关联。习近平总书记在哲学社会科学工作座谈会上深刻指出："中华民族有着深厚文化传统，形成了富有特色的思想体

---

[1]《毛泽东选集》第二卷，北京：人民出版社，1991年，第534页。
[2]《习近平关于社会主义精神文明建设论述摘编》，北京：中央文献出版社，2022年，第184页。

系，体现了中国人几千年来积累的知识智慧和理性思辨。这是我国的独特优势。"[1]中华优秀传统文化能够为当前的治国理政进程带来启示，进而促使作为科学社会主义基本原则与中国实际相结合产物的中国特色社会主义，在具备了鲜明的中国特色的基础上展现出独特优势。

中国特色社会主义沿袭了"大一统"的文化传统，始终维护着安定团结统一的政治局面，这构成了我们的最大优势。"天下大势，分久必合，合久必分"，尽管几千年的中国历史中也伴随着分分合合的轨迹，甚至一度出现过几个政权并立的局面，但是"大一统"的文化传统和民族心理无疑属于贯穿始终的线索和基调。数千年来，对于国家统一的希冀、对于民族安定团结的盼望，始终是中国人不可移易的深厚感情。"死去元知万事空，但悲不见九州同。""山河破碎风飘絮，身世浮沉雨打萍。"流传千古的名句佳作都已充分证明山河破碎、国家分裂给民众带来的深深痛苦感。就传统文化自身而言，从其创立和发展过程来看，也曾经一度表现出多样化、地域化等特征，但经历了长期时光流转中的交流、沟通和融合，最终还是会走向统一。由此可见，我们之所以能形成"大一统"的文化传统，颇为重要的原因就是中华优秀传统文化作为中华民族共同的文脉和价值系统，为中国人所共同坚守，中华优秀传统文化中对于"大一统"的推崇就在

---

[1] 习近平：《在哲学社会科学工作座谈会上的讲话》，北京：人民出版社，2016年，第17页。

政治观等层面得到了鲜明的体现。在中国特色社会主义实践中，我们不断强调国家统一和民族团结，强调铸牢中华民族共同体意识。中华民族大家庭中的各成员坚持和睦相处、取长补短、互通有无、守望相助，共同为中国特色社会主义的发展作出重要贡献。在此基础上更容易形成以深沉的文化认同为基础的民族认同，促使中华民族内部保持巨大的凝聚力和向心力，以奋发有为的精神把新时代中国特色社会主义推向前进。

中华优秀传统文化为坚持和发展中国特色社会主义提供的支撑是无比坚实的，提供的滋养是无比丰厚的，覆盖了治国理政的各项事业，促使方方面面展现出具体优势。比如，"以百姓心为心"的优良品格，激励着中国共产党在领导中国特色社会主义事业的过程中始终坚持以人民为中心的发展思想，从而获得了立党为公、执政为民的充足底气和坚实根基；再如，"道法自然""天人合一"等传统生态理念，启示着我们在中国特色社会主义生动实践中更加深刻地把握生态文明建设的突出地位和战略意义，从而使我们的祖国呈现出天更蓝、水更清、山更绿的喜人局面；又如，自古以来"奉法者强则国强，奉法者弱则国弱"的法治精神，激励着我们在发展中国特色社会主义事业的过程中牢牢坚守法治精神、不断完善法治体系，通过全面推进依法治国加快建设社会主义法治国家；还如，古代中国人"协和万邦""天下一家"的宽广宏阔胸襟，直接为我们坚定不移走中国特色社会主义对外开放之路提供了文化滋养，同时也启示着我们通过推动构建人类命运共同体为全世界的和平与发展事业提供方向性指引。正如习近平总书记所指出："治理国家和社会，今天遇到的很多事情都可以在历史上找到影子，历史上发生过的很多事情也都可以作为今天的镜鉴。"[1]所以，当下我们继续品读中华优秀传统文化之中所蕴含的历史智慧、哲学思想、人文精神和价值理念，不仅能够从中体悟和感受到中国味、中国情、民族魂，更能从中收获关于坚持和发展中国特色社会主义的具体启示，继续促使中国特色社会主义展现更为独特的优势。

展望未来，继续推进中国特色社会主义伟大事业，离不开精神力量和价值规范的指引，正如习近平总书记所指出："一个民族的复兴需要强大的物质力量，也需要强大的精神力量。没有先进文化的积极引领，没有人民精神世界的极大丰富，没有民族精神力量的不断增强，一个国家、一个民族不可能屹立于世界民族之林。"[2]特别是在百年未有之大变局加速演进的现实背景之下，推进社会主义现代化强国建设进程，实现中华民族伟大复兴目标，更加强调一种立根铸魂的精神力量。作为社会主义核心价值体系的内核，社会主义核心价值观深刻地反映了社会主义核心价值体系的基本特征、丰富内涵和实践要求，有助于从思想道德层面发挥教化和感染作用，提升人民群众的认知水平和思想境界，促使其更加善于明辨是非、善恶，不忘廉耻，更好地看待世

---

[1]《牢记历史经验历史教训历史警示　为国家治理能力现代化提供有益借鉴》，《人民日报》2014年10月14日。
[2]《习近平关于社会主义精神文明建设论述摘编》，北京：中央文献出版社，2022年，第19页。

界、社会和人生；对社会和国家而言，也有助于在中国特色社会主义进程中推动精神文明建设迈向新高度，更好地推进依法治国和以德治国相结合，提升全民族整体的精神文明素质。

江河万里总有源，树高千尺也有根。中华优秀传统文化与社会主义核心价值观之间有着密切联系，反映着中国特色社会主义的价值底蕴。"一个民族、一个国家的核心价值观必须同这个民族、这个国家的历史文化相契合"[1]，经过世代相传，中华优秀传统文化早已深深融入中国人的血脉，其中的核心内容"已经成为中华民族最基本的文化基因。这些最基本的文化基因，是中华民族和中国人民在修齐治平、尊时守位、知常达变、开物成务、建功立业过程中逐渐形成的有别于其他民族的独特标识"[2]。针对这一点，习近平总书记已经明确指出："我们提倡的社会主义核心价值观，就充分体现了对中华优秀传统文化的传承和升华。"[3]中华优秀传统文化俨然属于涵养社会主义核心价值观的深厚土壤，能够集中体现后者深厚的民族性特征，进而反映中国特色社会主义的价值底蕴。在中国特色社会主义伟大实践中，回到中华优秀传统文化这一文化沃土，从中深度挖掘具有历史穿透力和精神感染力的思想观念、人文精神、道德规范等元素，在结

---

[1]《习近平关于社会主义精神文明建设论述摘编》，北京：中央文献出版社，2022年，第105页。

[2] 习近平：《在纪念孔子诞辰2565周年国际学术研讨会暨国际儒学联合会第五届会员大会开幕会上的讲话》，北京：人民出版社，2014年，第12页。

[3]《习近平关于社会主义精神文明建设论述摘编》，北京：中央文献出版社，2022年，第216页。

合时代要求的基础上对其予以继承和创新，使其展现出时代风采和现实魅力，以其优势来丰富社会主义核心价值观的内涵，定然能够为坚持和发展中国特色社会主义、实现中华民族伟大复兴提供强大的文化凝聚力和精神推动力，从而更好地发挥社会主义核心价值观立根铸魂的显著作用。

中华优秀传统文化能够发挥这种作用，与其天然蕴含丰富而深刻的道德理念、伦理智慧、公序良俗、文明礼仪、崇高精神具有密切的关联。作为中华优秀传统道德规范的集中体现，中华优秀传统文化在千百年来的时光流转中潜移默化、深远持久地对中国人的实践行为方式和处世价值追求等方面产生影响作用，在内容、功能等方面与社会主义核心价值观具有高度关联性。从基本内容上来说，中华优秀传统文化中所强调的关于建构个人与国家关系的忧患担当、家国情怀等元素，关于建构个人与社会间关系的扶危济困、见义勇为等元素，关于建构个人与个人间关系的见贤思齐、守望相助等元素，关于建构个人自身德性修养的自强不息、敬业乐群等元素，关于维护平等正义的"不患寡而患不均""刑无等级"等元素，均与社会主义核心价值观所内含的全体中国人民的共同价值追求有着密切的关联。从实践方式上来说，中华优秀传统文化特别注重强调经由主体的自我修养和道德实践培养起高尚的道德情操、健全的君子人格，作为其中典型的儒学所传递的克己复礼、仁者爱人、尊师重教等准则，便是从社会生活的不同领域和不同方面启示个人道德实践和自我修养，时至今日依然可以指导公民以正确的方式践行中华优秀传统文化。从行为取向上来说，中华优秀传统文化十分注重突出集体的地位，充分强调个体属于集体一员，应当在集体中积极承担好应尽的社会责任，从范仲淹的"先天下之忧而忧，后天下之乐而乐"，到顾炎武的"天下兴亡，匹夫有责"，再到鲁迅的"我以我血荐轩辕"，都是这种集体主义精神的生动体现，启示我们应充分发挥社会主义核心价值观的整合力、凝聚力。面向未来，继续"深入挖掘和阐发中华优秀传统文化讲仁爱、重民本、守诚信、崇正义、尚和合、求大同的时代价值，使中华优秀传统文化成为涵养社会主义核心价值观的重要源泉"[1]，进一步反映中国特色社会主义的价值底蕴，无疑将会有助于激发全社会向上向善的正能量，进而为中华民族在复兴征途上乘风破浪、阔步前行提供不竭的精神力量！

三

世界文化激荡中站稳脚跟的坚实根基

中华优秀传统文化不仅是中华民族的宝贵精神财富，也是世界文化的重要组成部分。世界文化由丰富多样、异彩纷呈的

---

[1]《习近平关于社会主义精神文明建设论述摘编》，北京：中央文献出版社，2022年，第213页。

具体文化样态和文化体系组成，文化学者曾经相继提出过世界文化的"四大体系说""八个文化圈论"等，虽然分类方法有所差异，但是学者的共识在于，任何因内容差异而区分开来的两种文化，其相互之间必然存在着交流与碰撞。这一点在人类社会发展史上得到了颇为充分的印证——早至15世纪末地理大发现的开始，近至20世纪前期两次世界大战的结束，结果都形成了世界文化激荡的高潮。放眼当今世界，新一轮文化激荡正在加速演进，文化也成为百年未有之大变局中对经济、政治秩序构成反作用的主要因素。对此，《中共中央关于党的百年奋斗重大成就和历史经验的决议》指出："中华优秀传统文化是中华民族的突出优势，是我们在世界文化激荡中站稳脚跟的根基，必须结合新的时代条件传承和弘扬好。"[1] 只有将中华优秀传统文化放在世界文化激荡的整体宏观视野中考量，我们才能在打开国际视野的基础上，更好地理解中华优秀传统文化作为"根脉"的重要意义。

在当前的这一轮世界文化激荡中，保持定力是颇为重要的问题。不同样态的文化在进行深度融合、交流互鉴的同时也伴随着前所未有程度的角逐竞争，这一点通过各种各样的文化竞相增强自主意识、寻求自我影响力和辐射力的扩大等方面便可体现出来。合作与博弈同在、借鉴与比拼共存，成为当前文化激荡图景的主要基调。对一个国家而言，在博弈和比拼过程中必须先

---

[1]《中共中央关于党的百年奋斗重大成就和历史经验的决议》，北京：人民出版社，2021年，第46页。

保持定力，在此基础上不断壮大自身的文化力量、提升民族文化的影响力，最终方能避免为浩浩荡荡的文化洪流所冲击甚至淹没。这里所说的定力，既是专指在自身文化上的定力，即从自身的优秀文化中汲取智慧和力量，真正形成继续守护优秀文化的信心和决心，排除其他文化的干扰乃至入侵；又是指从优秀文化中得到滋养，保持更全方位的整体战略定力，因为从文化对于经济与政治秩序构成反作用这点来看，一个国家也只有从本国的优秀文化中汲取智慧和力量，抓住机遇，应对挑战，迎接世界文化激荡的考验，才能不仅为自身所植根的民族文化步入世界文化之林的前列奠定坚实基础，也为自身整体的发展前行提供更充足的底气、开拓更宽广的空间。

对当前的中国而言，在世界文化激荡中保持定力，具有一定的迫切性。第一，这是当前世界文化格局中所呈现出的地位排布使然。伴随着工业革命以来西方现代化进程的不断推进，西方文化逐渐占据了现代世界文化版图中颇为显著的地位，并直接促使近代以来世界文化格局呈现"西强东弱"的态势，这一点迄今为止依然没有发生改变。第二，中国历史上曾经陷入的"文明蒙尘"境地给我们敲响了警钟。近代以来的世界文化激荡中，中国文化的命运浮沉跌宕、起落数番，甚至一度遭到"殖民文化""奴化文化"的威胁、冲击和侵蚀，身处独立自主的主权国家中的我们自然决不愿意重复历史上的悲剧。第三，当前中国文化所面对的重重叠加的风险、压力、挑战和考验促使我们更加需要考虑定力的问题。西方社会各种文化元素和文化思潮争相涌入，致使一些中国人陷入了"以洋为尊"的窠臼，在文艺创作等过程中甚至出现了"热衷于'去思想化'、'去价值化'、'去历史化'、'去中国化'、'去主流化'"等错误倾向[1]，国内国外、网上网下存在一些言论，贬低中华文化，否定中华民族的历史贡献。

　　以上这些因素，都在启示我们回到中国文化，尤其是中华民族世代相传、日积月累而成的中华优秀传统文化之中，不断汲取营养和智慧，从而更好地保持自身的定力。关于其中的内涵，从习近平总书记一段非常经典的论述中便可以解读出来："站立在960万平方公里的广袤土地上，吸吮着中华民族漫长奋斗积累的文化养分，拥有13亿中国人民聚合的磅礴之力，我们走自己的路，具有无比广阔的舞台，具有无比深厚的历史底蕴，具有无比强大的前进定力。"[2]我们所要吸吮的长期积累而成的养分，源头就在于中华优秀传统文化。2023年，习近平总书记在江苏苏州平江历史文化街区考察时更是直接指出："中华优秀传统文化代代相传，表现出的韧性、耐心、定力，是中华民族精神的一部分。"[3]这样的论述意在说明，重视中华优秀传统文化的作用，意味着从五千多年文化文明发展的苦难辉煌中走来，是真正意义

---

[1]《习近平关于社会主义精神文明建设论述摘编》，北京：中央文献出版社，2022年，第219页。

[2]《习近平谈治国理政》第一卷，北京：外文出版社，2018年，第29页。

[3]《在推进中国式现代化中走在前做示范　谱写"强富美高"新江苏现代化建设新篇章》，《人民日报》2023年7月8日。

上"把中国发展进步的命运牢牢掌握在自己手中"[1]。这会促使中国这个矢志走向复兴的国家，在面对世界文化激荡时获得强大的精神力量，进而在整个砥砺奋进的征程上进一步凸显价值指引的力量。

中华优秀传统文化能够起到这种作用，原因来自多方面。就形成过程而言，中华优秀传统文化始终能够抵御外界的干扰和诱惑，不断彰显自己独到的精神气质和特性，促使整个中华民族在追寻真理和正义的时候始终保持着坚定不移的态度，在各种各样的困难和挑战面前始终保持着充沛的前进热情和动力。就具体内容而言，中华优秀传统文化本身也注重强调保持定力，也特别突出了依靠文化保持定力，孔子所说的"修文德以来之"便是典型例证。就影响力而言，"中国古代大量鸿篇巨制中包含着丰富的哲学社会科学内容、治国理政智慧，为古人认识世界、改造世界提供了重要依据，也为中华文明提供了重要内容，为人类文明作出了重大贡献"[2]，这便足以为我们带来对自身文化的生命力和创造力的高度信心，促使我们坚守自身的文化理想和文化价值。将这些方面融会贯通，我们一旦有了定力，便有了敢于直面世界文化激荡态势的坚定信心，有了正确把握世界文化激荡态势的科学态度，有了妥善应对世界文化激荡态势的具体策略。中华民族据此站稳脚跟，有助于确保中国式现代化事业扎实推

---

[1] 习近平：《在庆祝中国共产党成立100周年大会上的讲话》，北京：人民出版社，2021年，第15页。

[2] 习近平：《在哲学社会科学工作座谈会上的讲话》，北京：人民出版社，2016年，第5页。

进，确保中华民族伟大复兴事业行稳致远。

在世界文化激荡中，还应注意到塑造国家形象这一命题与文化软实力之间具有更加紧密的联系，更加凸显重要性。2005年，时任浙江省委书记的习近平就曾深刻指出："文化的力量，或者我们称之为构成综合竞争力的文化软实力，总是'润物细无声'地融入经济力量、政治力量、社会力量之中，成为经济发展的'助推器'、政治文明的'导航灯'、社会和谐的'黏合剂'。"[1]这便揭示了文化软实力相较于经济实力等硬实力而言的独特作用，只有充分重视前者在价值、观念等维度所发挥的润物无声、深远持久的影响，以文化人、以德服人，才能确保后者的效果更加牢固地维系下去，使一个国家真正在激烈的国际竞争中长期处于不败境地。作为一种典型的柔性力量，国家形象属于国家文化软实力的重要组成部分，影响着整个国家文化软实力的水平。对中国而言，能否成功塑造可信、可爱、可敬的国家形象，直接关乎中国的国际影响力能否得到提升、国际话语权能否得到强化，间接关联着文化自信能否树立、文化强国能否建成，这些与我们能否在世界文化激荡中站稳脚跟也都有着紧密的关联。

中华优秀传统文化本身就是中国文化软实力的文脉根基，也能成为塑造国家形象的重要途径和媒介。中华优秀传统文化不仅历史悠久，而且历久弥新；不仅底蕴深厚，而且特色鲜明；不仅活力充沛，而且绵延不绝。中华优秀传统文化在历史上一直

---

[1] 习近平：《之江新语》，杭州：浙江人民出版社，2007年，第149页。

充当着中华民族价值认同源泉,当前依然有助于更好地展示中华民族的独特精神标识,构筑中国精神、中国价值、中国力量。作为崛起中的大国,中国急需向世界展现"和平""自信""担当"等国家形象,而这些元素恰恰与中华优秀传统文化中的协和万邦、自强不息等具体元素或理念直接相关。透过这些元素和理念,全世界可以对中国的国家形象形成更加清晰的认知,从而更加深刻地体悟到中国推动构建人类命运共同体、倡导维护践行全人类共同价值的实践举措,进而更加认可中国在全球治理与国际事务中发挥着举足轻重的作用。中华优秀传统文化无疑已经成为世界文化百花园中绚丽夺目的花朵,也有理由在世界文化激荡中成为中国国家形象的名片。

可喜的是,在依托中华优秀传统文化塑造中国国家形象的过程中,我们已经取得一些较为显著的成果。譬如,二十一世纪初以来,原国家汉办便借助在世界各地设立的孔子学院这一机构,较好地传播了中华优秀传统文化,进而推动塑造中国形象。在孔子学院内,中医、戏曲、书法等具体的传统文化形式被展示和传播,因其博大精深和无穷魅力,世界由此更加了解也更想了解中华文化和中国。再如近年来,中国的文化产品出口量稳居全球第一,其中自然也不缺乏中华优秀传统文化元素的身影。最为典型的便表现在电影领域,花木兰、孙悟空、功夫熊猫等元素先后融进了好莱坞作品,世界各国的观众从中深入领略到中国智慧、中国文化之美。这些面向现代化、面向世界、面向未来的举措,为中华优秀传统文化的传承与发展打开了更为宏阔的视野。可信、可爱、可敬的中国形象在这一过程中得到了更加充分的展现，我们也因此得以更好地在世界文化激荡中保持自我本色、坚定文化自信，从而更好地站稳脚跟。

还必须指出的是，世界文化激荡中存在一系列必须直面的问题，呼唤着大国智慧。当前的世界文化激荡处于世界之变、时代之变和历史之变的大背景之下，一系列相关的乱象和问题如雨后春笋般涌现，我们必须选择直面而非回避，比较典型的，包括物欲的极度膨胀、个人主义的狂欢、社会信任的断裂、伦理道德状况的江河日下等。谁能对此给出真正有效的回应，贡献对于解决实际问题具有突出意义的理论智慧，谁才堪称真正具有责任意识和担当精神的大国。"要解决这些难题，不仅需要运用人类今天发现和发展的智慧和力量，而且需要运用人类历史上积累和储存的智慧和力量。"[1]对中国而言，中华优秀传统文化长期以来的滋养浸润是得天独厚的优势条件。习近平总书记指出，中华优秀传统文化"蕴含的思想观念、人文精神、道德规范，不仅是我们中国人思想和精神的内核，对解决人类问题也有重要价值"[2]，有助于我们围绕"我国和世界发展面临的重大问题，着力提出能够体现中国立场、中国智慧、中国价值的理念、主张、方

---

[1] 习近平：《在纪念孔子诞辰2565周年国际学术研讨会暨国际儒学联合会第五届会员大会开幕会上的讲话》，北京：人民出版社，2014年，第6页。

[2] 《习近平关于社会主义精神文明建设论述摘编》，北京：中央文献出版社，2022年，第225页。

案"[1]。中华优秀传统文化本身就是世界文明的重要组成部分，也一定能为继续推动世界文明发展进程作出更大贡献。

这样的智慧，体现在不同方面的具体思想上。对此，习近平总书记在纪念孔子诞辰2565周年时就提到："世界上一些有识之士认为，包括儒家思想在内的中国优秀传统文化中蕴藏着解决当代人类面临的难题的重要启示，比如，关于道法自然、天人合一的思想，关于天下为公、大同世界的思想，关于自强不息、厚德载物的思想，关于以民为本、安民富民乐民的思想，关于为政以德、政者正也的思想，关于苟日新日日新又日新、革故鼎新、与时俱进的思想，关于脚踏实地、实事求是的思想，关于经世致用、知行合一、躬行实践的思想，关于集思广益、博施众利、群策群力的思想，关于仁者爱人、以德立人的思想，关于以诚待人、讲信修睦的思想，关于清廉从政、勤勉奉公的思想，关于俭约自守、力戒奢华的思想，关于中和、泰和、求同存异、和而不同、和谐相处的思想，关于安不忘危、存不忘亡、治不忘乱、居安思危的思想，等等。"[2]这些内容涵盖了哲学思想、人文精神、道德理念等多个维度，它们能够为世界各国的治国理政实践提供有益借鉴，启迪着道德建设与精神重塑，从而促进更多人在世界文化激荡中更好地认识和改造世界。

---

[1] 习近平:《在哲学社会科学工作座谈会上的讲话》，北京：人民出版社，2016年，第17页。

[2] 习近平:《在纪念孔子诞辰2565周年国际学术研讨会暨国际儒学联合会第五届会员大会开幕会上的讲话》，北京：人民出版社，2014年，第6—7页。

正是因为能够贡献出大国智慧，中国才有更加充足的底气在世界文化激荡中站稳脚跟。这是因为中国在贡献智慧的过程中，致力于"把优秀传统文化的精神标识提炼出来、展示出来，把优秀传统文化中具有当代价值、世界意义的文化精髓提炼出来、展示出来"[1]，足以生动形象地说明中华优秀传统文化既是历史的也是当代的，既是民族的也是世界的；同时也能说明今日之中国已不只是中国之中国，更是世界之中国，充满了责任担当意识，尽显大国风范，正如马克思所指出："凡是民族作为民族所做的事情，都是他们为人类社会而做的事情"[2]。这样的一种具有天下情怀和对全人类关怀的举措，不仅对于中国文化的特质彰显和影响力提升具有重要价值，也从人类文明、世界文化发展的高远视角直接证伪了"文明冲突论"，更加突出地说明："文明没有高下、优劣之分，只有特色、地域之别。文明差异不应该成为世界冲突的根源，而应该成为人类文明进步的动力。"[3] 由此，中华民族坚韧不拔的决心和锐意进取的意志得到了进一步磨砺，中华民族也定然能够在世界文化激荡中更好地站稳脚跟。

---

[1]《习近平关于社会主义精神文明建设论述摘编》，北京：中央文献出版社，2022年，第225页。

[2]《马克思恩格斯全集》第四十二卷，北京：人民出版社，1979年，第257页。

[3]《习近平谈治国理政》第二卷，北京：外文出版社，2017年，第544页。

第三章

"魂脉"与"根脉"
何以高度契合？

近代以来，在救亡图存的危急历史重任面前，各种"主义"和思潮竞相登场。然而，"旧的顽固的封建主义的思想武器打了败仗了"[1]，从西方资产阶级革命时代的武器库中学来的思想武器和政治方案，也"抵不住，败下阵来，宣告破产了"[2]，中国人民一度无路可循、无计可施。十月革命一声炮响，给我们送来了马克思列宁主义。中国先进分子开始"用无产阶级的宇宙观作为观察国家命运的工具，重新考虑自己的问题"[3]。马克思主义在与中国具体实际相结合的过程中，通过一定的民族形式表现出来，成为具有中国特色、中国风格、中国气派的马克思主义，真正解决了中国革命的实际问题。就这样，产生于不同时代、植根于不同背景的马克思主义和中华优秀传统文化，以发生学的样态和中国社会的实践结论，证实了二者内生先在的契合潜质和行之有效的契合成果。

马克思主义与中华优秀传统文化的结合不是自动实现的。其中尤为关键的是，一个完全新式的、以马克思主义为行动指南的、统一和唯一的中国工人阶级政党——中国共产党的正式成立。中国共产党是以马克思主义为指导的先进政党，也是牢牢立足中国大地、汲取中华优秀传统文化滋养的先进政党。中国共产党一经诞生，就以其先进的理论认知和主动的实践作为，将马克思主义和中华优秀传统文化的契合，从一种价值潜质逐步变

---

[1]《毛泽东选集》第四卷，北京：人民出版社，1991年，第1514页。
[2]《毛泽东选集》第四卷，北京：人民出版社，1991年，第1514页。
[3]《毛泽东选集》第四卷，北京：人民出版社，1991年，第1471页。

成一种现实运动，并将其贯穿到党的百年奋斗历程之中，从而深刻改变了中国人民和中华民族的前途命运，丰富发展了马克思主义的理论形态，不断推动中华文明伟大变革。

进入新时代，我们党对马克思主义同中华优秀传统文化之间关系的认识达到了新的高度。2021年，习近平总书记在庆祝中国共产党成立100周年大会上的重要讲话中提出了"坚持把马克思主义基本原理同中国具体实际相结合、同中华优秀传统文化相结合"[1]的重大论断。党的二十大报告指出："坚持和发展马克思主义，必须同中华优秀传统文化相结合。只有植根本国、本民族历史文化沃土，马克思主义真理之树才能根深叶茂。"[2]在文化传承发展座谈会上，习近平总书记又对马克思主义和中华优秀传统文化之间的高度契合作了科学详尽的阐述。得益于此，马克思主义与中华优秀传统文化之间的契合性，有了更加全面、系统、科学、规范的论证。这种论证从社会追求、哲学思辨、治理思想、道德观念等不同方面，昭示了马克思主义与中华优秀传统文化由自在契合向自为契合的动态演变，为我们进一步推动理论创新和实践创造提供了有力指导，也构筑起新征程上推进强国建设、民族复兴伟业的强大精神力量。

---

[1] 习近平:《在庆祝中国共产党成立100周年大会上的讲话》，北京：人民出版社，2021年，第13页。

[2] 习近平:《高举中国特色社会主义伟大旗帜 为全面建设社会主义现代化国家而团结奋斗——在中国共产党第二十次全国代表大会上的报告》，北京：人民出版社，2022年，第18页。

一

社会追求的相通

马克思主义与中华优秀传统文化在社会追求方面有诸多相通之处。这种相通主要体现在对社会形态、社会秩序和社会交往的理解与追求方面。

中华民族自古以来就有高远的社会理想。在旧有礼乐秩序崩溃瓦解的春秋战国年代，诸侯割据混战、民众赋役杂税繁重，苛政猛于虎，生民憔悴不堪。文人志士不满这一社会现实，渴望一种理想的社会形态。在这样的社会背景下，儒家学者提出了高远的"大同"社会愿景以及"天下为公"的社会伦理观念。儒家经典《礼记·礼运》描绘了"天下大同"的美好景象："大道之行也，天下为公，选贤与能，讲信修睦。故人不独亲其亲，不独子其子，使老有所终，壮有所用，幼有所长，矜、寡、孤、独、废疾者皆有所养，男有分，女有归。"与"天下为家"的小康世界不同，大同社会超脱于严尊卑、别善恶、明赏罚、界内外的礼制秩序，在观念、政治、伦理、社会关系等诸多方面呈现出一种更高层级的理想追求。这一理想以"公""同"为价值追求，超越等级观念与歧视偏见，体现出强烈的人道主义关怀。这一理想社会图景与共产主义社会不谋而合。实现共产主义社会是马克思主义最崇高的社会理想。中国早期先进知识分子在中华传统文化的浸润中成长，希冀以一种全新的科学理论为指引，实现理想的社会形态追求。"共产主义"作为一种理论体系和思想学说而存在，给中国知识分子以震撼的思想冲击和全新的理论视野。马克思认为，人类社会已经历经了"亚细亚的、古希腊罗马的、封建的和现代资产阶级的生产方式"[1]，而"共产主义"则是代表着人类历史未来发展趋势的高级社会形态。共产主义社会是人类社会发展的最高阶段，是实现了人的自由全面发展的社会。在这个社会中，消灭了私有制，实现了生产资料的社会共有；消灭了阶级和阶级差别，实现了人人平等；消灭了城乡差别、脑力劳动和体力劳动的差别，实现了社会的全面进步。"代替那存在着阶级和阶级对立的资产阶级旧社会的，将是这样一个联合体，在那里，每个人的自由发展是一切人的自由发展的条件。"[2]马克思主义这种对未来社会的构想，绝不是虚幻的主观臆测，也不是空洞的道德说教，更不是纯粹思辨逻辑推导出来的细节设计，而是基于对资本主义生产方式和社会制度的深刻批判，基于对人类社会历史发展规律的深刻把握，对未来社会进行了一般原则性的展望和合理化的建构。这种对于理想社会的构想，与中华优秀传统文化的"天下大同""天下为公"理念在本质上是一致的，都体现了对于人类社会的终极关怀和对于人类命运的深刻思考，作用于中国共产党百年的奋斗实践。

---

[1]《马克思恩格斯文集》第二卷，北京：人民出版社，2009年，第592页。
[2][德]马克思、恩格斯：《共产党宣言》，北京：人民出版社，2018年，第51页。

社会追求的相通不仅表现在共通的社会形态追求，而且表现在共通的社会秩序追求。这种社会秩序既表现为社会的平和稳定，也表现为人的个性、能力、知识和权利的充分实现。中华民族自古以"和"为最高价值，体现出"贵和尚中、善解能容，厚德载物、和而不同"[1]的文化品格。和合理念是中华优秀传统文化的重要内容之一，贯穿于中国哲学的各个流派，渗透在社会生活的各个领域，在历史上产生了重要而深远的影响。殷周时期，"和"与"合"已在甲骨文和金文中单独成字。春秋时期的《国语·郑语》指出："商契能和合五教，以保于百姓者也。"儒家思想中的"和为贵"，道家哲学中的"道法自然"，都强调了和谐的重要性。比如，孔子提出"君子和而不同，小人同而不和"的主张。董仲舒特别强调"中和"思想的意义，指出："《诗》云：'不刚不柔，布政优优。'此非中和之谓与？是故能以中和理天下者，其德大盛；能以中和养其身者，其寿极命。"[2]这种和谐不仅体现在人与人之间的和睦相处，也体现在人与社会的有机统一。漫长岁月中，这种在包容中共生、在和谐中共存、在合作中共荣的和谐追求，浸润在中国经济社会发展的方方面面，成为中华民族赓续永存的精神密码。马克思主义同样强调社会的和谐与稳定。马克思主义认为，社会是人的类本质的体现，社会和人的关系是有机统一的，"应当避免重新把'社

---

[1] 习近平：《之江新语》，杭州：浙江人民出版社，2007年，第150页。
[2] 苏舆：《春秋繁露义证》，钟哲点校，北京：中华书局，1992年，第444—445页。

会'当作抽象的东西同个体对立起来"[1]。马克思在《关于费尔巴哈的提纲》中指出："旧唯物主义的立脚点是市民社会，新唯物主义的立脚点则是人类社会或社会的人类。"[2]在对既往社会理论和资本主义社会不和谐现象进行批判的基础上，马克思论述了共产主义如何扬弃私有财产，实现"人向自身、向社会的即合乎人性的人的复归"[3]。立足于现实生活以及人与人之间社会关系的共产主义，不仅是人的类本质的真正回归，也是人类社会和谐向度的历史生成。由此可见，在马克思主义看来，社会和谐是社会主义的本质属性，是社会主义优越性的重要体现。经过生产力的高度发展，在打碎资产阶级国家机器、消灭阶级和阶级差别基础上，物质财富极大丰富，人们精神境界极大提高。这种对社会和谐的追求，与中华优秀传统文化的和谐思想有着异曲同工之妙。

平等公正的社会交往状态也是美好社会追求的一部分。在中华传统文化中，"公正"思想随处可见，构成了系统完备的理论学说。"公正"不仅被视为文明进步的重要标准，也成为人类社会秩序的价值规范。中华优秀传统文化和马克思主义在追求社会的公平正义方面具有内在的契合性和一致性。一方面，两者都强调公平正义对于社会发展的重要性。中国很早就有关于公正的思想，中国的文人志士也始终强调，理国要道在于公平正

---

[1] [德]马克思：《1844年经济学哲学手稿》，北京：人民出版社，2000年，第84页。
[2] 《马克思恩格斯文集》第一卷，北京：人民出版社，2009年，第502页。
[3] [德]马克思：《1844年经济学哲学手稿》，北京：人民出版社，2000年，第81页。

直,"惟公而后能正"的思想成为古代先贤的共识。《礼记》记载,子夏向孔子请教"何谓三无私",孔子回答说:"天无私覆,地无私载,日月无私照。奉斯三者以劳天下,此之谓三无私。"即是说,天地日月都具有公正无私的品德,以此为遵循来治理天下,是最基本的原则。道家更是直接指称公正为"天德",认为公正与天道合一,如《道德经》所言:"知常容,容乃公,公乃王,王乃天,天乃道,道乃久,没身不殆。"可以说,在中华民族的精神血脉中,"公正"不仅成为社会治理的重要准则,也成为维系社会稳定与和谐的重要精神支柱。与中华文化不谋而合,马克思主义也将社会公平正义视为社会制度的本质要求,视为社会主义优越性的重要体现。在马克思主义看来,资本主义社会存在严重的阶级矛盾和剥削现象,导致社会公平正义无法实现。因此,马克思主义主张通过无产阶级革命,推翻资本主义制度,建立社会主义制度,实现真正的社会公平正义。中国早期先进知识分子正是怀揣着对社会公正的价值追求,以马克思主义科学理论为剑,投身于为民族求解放、为人民求幸福的革命洪流。另一方面,两者都关注、维护、彰显人的平等与尊严。中华优秀传统文化强调民众是社会的基础和根本,主张关注和保护普通大众的平等权利。儒家思想中的"仁爱"观念,强调人与人之间的关爱与尊重,认为每个人都应该享有平等的权利和尊严。道家哲学则主张"人人平等",认为在自然的法则面前,每个人都应该被平等对待。墨家的平等观念更加彻底,认为在上天面前,国不分大小,人不分贵贱,每个人都是平等的,"今天下无大小国，皆天之邑也。人无幼长贵贱，皆天之臣也"[1]。马克思主义同样强调人的平等与尊严，特别关注无产阶级和广大劳动人民的利益，认为他们是推动社会进步的主要力量，应该享有平等的权利和尊严。马克思主义对封建社会的剥削制度进行了无情批判，指出"封建主或者是以劳役形式，或者是以实物形式，从他的农奴那里取得他所需要的一切"[2]。在马克思主义看来，实现社会公平正义就是要消除阶级差异和剥削现象，让每个人都能够自由平等地参与社会生产和分配。因此，马克思主义主张通过革命和改革，改善劳动人民的生活条件，保障他们的权益和尊严。

二

哲学思辨的相合

马克思主义与中华优秀传统文化在认识世界、改造世界等方面有诸多融通之处，是辩证唯物主义与中国传统哲学智慧契合贯通的生动例证，体现了科学理论与实践逻辑、历史发展与现实指向、知识体系与文化价值的有机统一。

---

[1] [战国] 墨子:《墨子》，李小龙译注，北京：中华书局，2007年，第24页。
[2]《马克思恩格斯文集》第四卷，北京：人民出版社，2009年，第216页。

中国先民自古以来就对宇宙和自然界充满了无尽好奇和遐想，这种关怀和解释，以一系列的哲学逻辑熔铸于人们的思想意识之中。马克思主义在中华大地的出现，以其深厚的唯物主义哲学智慧，进一步激活了中华传统哲学逻辑，表现出两者内在的高度契合。首先，两者都强调世界的物质性。在古代的阴阳五行学说中，宇宙被认为是由阴阳两极和金、木、水、火、土五种元素构成的。这一朴素思想体现了对物质世界的深刻洞察。同样，马克思主义也认为，物质是世界的本原和基础，无论是自然界还是人类社会，都是由物质力量所决定的。此外，《左传》记载"'高岸为谷，深谷为陵'。三后之姓，于今为庶"，揭示了万事万物运动变化的永恒性。战国时期荀子提出"天行有常，不为尧存，不为桀亡"[1]，认为自然的运行有自己的规律，不以人的意志为转移。马克思主义同样承认规律的客观性。在马克思主义看来，规律是事物内部的本质联系和发展的必然趋势，它不以人的意志为转移。人们可以认识规律、利用规律，但不能改变或消灭规律。其次，两者都强调社会存在决定社会意识。中国古代先哲管子认为，社会的礼制道德不是凭空产生的，必须建立在一定的物质生产水平之上，"仓廪实则知礼节，衣食足则知荣辱"[2]。东汉的王充进一步延展了这一命题，他在《论衡》中提出："夫饥寒并至而能无为非者寡，然则温饱并至而能不为善者

---

[1]《荀子》，方勇、李波译注，北京：中华书局，2011年，第265页。
[2]《管子》，李山译注，北京：中华书局，2009年，第2页。

希。"马克思主义明确指出："物质生活的生产方式制约着整个社会生活、政治生活和精神生活的过程。不是人们的意识决定人们的存在，相反，是人们的社会存在决定人们的意识。"[1] 在马克思主义看来，社会意识是社会存在的反映，不同的社会存在决定了不同的社会意识。这一原理揭示了社会历史发展的客观规律，为理解社会现象提供了科学的理论指导。最后，两者都强调人与自然的和谐共生。在中华传统农耕文化中，人们理解农作物的生长和收获是依赖于大自然的恩赐。尊重自然规律、顺应自然节气、保护生态环境等理念贯穿于农耕文化、节日庆典等多方面。儒家思想中的"天人合一"观念，以理论形态说明人与自然是相互依存、相互贯通的整体，人类应该顺应自然、尊重自然规律，与自然和谐相处。道家哲学则主张"道法自然"，强调人类应该遵循自然的法则，以自然的态度对待生活，达到与自然和谐共生的境界。同样，在马克思主义看来，自然是人生存发展的基础，人类离不开自然界。人类应该尊重自然、善待自然，与自然和睦相处。马克思指出："在实践上，人的普遍性正是表现为这样的普遍性，它把整个自然界——首先作为人的直接的生活资料，其次作为人的生命活动的对象（材料）和工具——变成人的无机的身体。"[2] 人类要生存，首先就必须不断地从自然界获取物质生活资料，满足自己的衣食住行等基本生活需要，然

---

[1]《马克思恩格斯文集》第二卷，北京：人民出版社，2009年，第591页。
[2]《马克思恩格斯全集》第三卷，北京：人民出版社，2002年，第272页。

后才谈得上发展。

哲学思辨的相合不仅体现在对宇宙世界和人类社会的宏观认知上，也体现在认识论的微观层面，涉及认识来源、认识能力、认识过程等不同维度。首先是认识对象上的相通。中华优秀传统文化与马克思主义都坚持可知论，认为客观物质世界是可知的。中华传统文化主张天人合一，但并不排除主体对客体有"观"有"取"。自古而来的"观象授时"之说，就强调观天象、气象、物象等的变幻，即观察日月星辰的运行、顺应节气的表象、洞悉风雨雷电的变化等。《易·系辞》说，圣人"观象于天""立象以尽意"。这里的"象"就是现象，就是事物在自然状态下运动变化的呈现。"观象"就是观物取象，用意象性概念来概括和表述现象层面的规律。同样，马克思主义也强调，物质世界是不依赖人的主观意志而独立存在的，人的意识是物质世界发展的产物，是对物质世界的反映。这种对认识对象的共识，为两者在认识论上的相通性奠定了基础。其次是认识能力上的相通。中华优秀传统文化与马克思主义都强调人类认识能力的无限性。中华优秀传统文化认为，人通过不断学习和实践，可以不断提升自己的认识能力，达到"天人合一"的境界。同样，马克思主义指出，世界上只有尚未认识的事物，没有不可认识的事物。同时，两者又都关注认识的相对性。中国传统道家思想主张"无知无欲"，认为人们应该超越个人的局限和偏见，以更宽广的视野来认识世界。马克思主义认为，人们的认识受到历史条件、社会环境、个人经验等多种因素的影响，因此认识是相对的、有限的。这种对认识局限性和相对性的会通，使得两者在认识论上更加接近。最后是认识过程上的相通。中华优秀传统文化与马克思主义都重视认识的发展过程，强调认识的动态性和发展性。中华优秀传统文化中的道家思想主张"道可道，非常道；名可名，非常名"[1]，即认识是一个不断变化、不断深化的过程。人们需要不断地反思和修正自己的认识，以适应不断变化的世界。马克思主义认为，认识是一个辩证发展的过程，人们在实践中不断发现新问题、解决新问题，从而推动认识的不断深化和发展。此外，中华优秀传统文化与马克思主义都追求真理的客观性和绝对性。中华优秀传统文化中的"实事求是"思想，强调认识事物要尊重事实、追求真理。马克思主义也认为，真理是人们对事物本质和规律的正确反映，既具有客观性，又具有绝对性和相对性，在实践中不断被揭示和验证。

中华优秀传统文化蕴含了丰富的实践哲学智慧，关注、理解和反思人的存在和行为意义，高扬"积极入世"的实践精神。马克思主义也强调实践在认识世界和改造世界中的决定性作用。从这个意义上来讲，两者具有内在的融通性，共同作用于中国人民百年奋斗的伟大实践历程。首先，两者都强调实践与认识的辩证关系。"知"和"行"的关系一直是中国古代哲学的一个典型命题。《礼记·中庸》指出："博学之，审问之，慎思

---

[1][魏]王弼注：《老子道德经注》，楼宇烈校释，北京：中华书局，2011年，第2页。

之，明辨之，笃行之"，表明学习的最终目的在于笃定地践行。《荀子·儒效》也讲："不闻不若闻之，闻之不若见之，见之不若知之，知之不若行之。"明代大儒王阳明则明确提出"知行合一"的哲学理论，强调"知之真切笃实处即是行，行之明觉精察处即是知"[1]，知行功夫本不可分离。总体来讲，中华优秀传统文化强调通过观察事物来获取知识，再通过道德的实践来完善自我。这种认识与实践的紧密结合，与马克思主义实践论不谋而合。马克思主义认为，人们的认识是在实践中产生、发展和检验的，实践是认识的基础、来源和目的，也是检验认识真理性的唯一标准。其次，两者都强调实践的社会历史性。在中华传统文化中，历史被视为一面镜子，人们通过回顾历史来总结经验、指导实践。《旧唐书·魏徵传》指出："夫以铜为镜，可以正衣冠；以古为镜，可以知兴替；以人为镜，可以明得失。"道家思想虽然主张超越现实，但也认为人的实践活动应当顺应历史的潮流，不可逆天而行。同时，中华优秀传统文化也强调，实践不仅是个体的行为，更是社会性的活动，个人实践行为应遵守社会规范。《论语》即道明："其为人也孝弟，而好犯上者，鲜矣；不好犯上，而好作乱者，未之有也。"同样，马克思主义也认为，实践是社会的实践，是在一定的社会关系中进行的。人们通过实践不仅改造自然，也改造社会关系，推动历史的进步。

---

[1][明]黄宗羲:《黄宗羲全集》第十三册，吴光主编，杭州：浙江古籍出版社，2012年，第188页。

同时，人的实践活动总是在一定的历史阶段上进行，受到当时社会历史条件的制约，也不断改变着原有的历史条件，推动着历史的发展。最后，两者都强调实践的创造性。自古以来，中华民族就以其卓越的创造力著称于世。无论是中国古代四大发明，还是农业、医学、艺术等领域的众多创新，都体现了中华民族在实践中的创造精神。中华传统道家思想主张"道法自然"，但并非消极地顺应自然，而是强调在遵循自然规律的基础上发挥人的主观能动性，进行创造性的实践。同样，马克思主义也明确指出：人们在实践中不仅认识世界，而且通过实践创造新的世界。这种创造性体现在生产力的提高、生产关系的变革、社会制度的创新等方面。正如马克思在《关于费尔巴哈的提纲》中指出的那样，"哲学家们只是用不同的方式解释世界，问题在于改变世界"[1]。这种对实践创造性的强调，使得中华优秀传统文化与马克思主义在实践论上有了共同的追求。

---

[1]《马克思恩格斯文集》第一卷，北京：人民出版社，2009年，第502页。

三

治理思想的相融

马克思主义与中华优秀传统文化在治国理政方面存在诸多契合之处,这种契合不仅体现在理论体系和价值追求层面,也表现在国家和社会治理的实践之中。

中华优秀传统文化与马克思主义都将秩序和规则视为文明的基础和标志,都蕴含了丰富的法治思想,也都以此为基础形成了丰富的法律实践。习近平总书记指出:"中华法系源远流长,中华优秀传统法律文化蕴含丰富法治思想和深邃政治智慧,是中华文化的瑰宝。"[1]中华传统法律文化涉及法治理论、立法技术、法律适用、刑事政策等诸多方面。比如,出礼入刑、隆礼重法的治国策略,德主刑辅、明德慎罚的慎刑思想等。《左传》记载:"夏有乱政,而作禹刑;商有乱政,而作汤刑。"《汉书·刑法志》云:"禹承尧舜之后,自以德衰而制肉刑。汤武顺而行之者,以俗薄于唐虞故也。"可以说,中国传统封建社会几乎历朝历代都有典型立法,内容涵盖之广、形式表述之精不断演化。马克思主义法治思想则由马克思、恩格斯创立,并在国际共产主义运

---

[1]《加强涉外法制建设 营造有利法治条件和外部环境》,《人民日报》2023年11月29日。

动中不断发展。在马克思主义看来，属于上层建筑范畴的法治，由其赖以存在的经济基础和社会关系所决定，并结合不同的政治逻辑而形成发展。马克思主义国家学说、政党学说、国体论、政体论、民主论、法治论、权力论、权利论等，为中国特色社会主义法治体系和法治国家建设奠定了坚实的思想根基。缘于深厚的法治理论传统，法律在国家治理中的实践也有丰富的历史传承。中国古代贤哲很早就认识到法律对于治国的重要作用。《慎子·逸文》提出："法者，所以齐天下之动，至公大定之制也。"商鞅指出："法令者，民之命也，为治之本也，所以备民也。"[1]韩非认为："法明则内无变乱之患，计得则外无死虏之祸。"[2]宋代改革家王安石指出："盖君子之为政，立善法于天下，则天下治；立善法于一国，则一国治。"[3]可以说，无论是法家、儒家还是道家，其法治思想都以维护国家统一、法律统一为追求，强调"壹法""一尊"，以法使人"以功受赏""以罪受诛"，真正发挥法治"定分止争""兴功禁暴"的能效。同样，马克思主义也强调法治对于治国理政的重要性。马克思主义法治思想呈现典型的社会性、阶级性和人民性，将唯物主义、社会主义、人民至上的法理要义贯穿全局。马克思主义认为，法律是维护社会公平正义的重要工具，强调法律实施的重要性，认为法律的生命力在

---

[1] [清]孙诒让：《商子校本》，祝鸿杰点校，北京：中华书局，2014年，第92—93页。
[2] [清]王先慎：《韩非子集解》，钟哲点校，北京：中华书局，1998年，第428页。
[3] [北宋]王安石：《王安石文集》第三册，刘成国点校，北京：中华书局，2021年，第1110页。

于实施，只有通过严格的法律执行和司法公正，才能确保法律的权威性和有效性。由此可见，无论是从法治思想传统上来看，还是从法治社会实践上来看，马克思主义与中华优秀传统文化都给中国社会法治体系发展变革带来了历久弥新的思想启迪和坚定自信的精神力量。

民本是中国古代政治思想的基本理念，民本思想是中华传统文化中极其重要的思想资源。无论是在浩瀚的文化典籍里，还是在漫长的历史实践中，民本思想总是被人不断论说和践行。中华民族历来强调"民惟邦本，本固邦宁"的理念，认为人民是国家的根本。《管子》所言："夫霸王之所始也，以人为本。"《孟子》所说："民为贵，社稷次之，君为轻。"《贞观政要》记载："为君之道，必须先存百姓，若损百姓以奉其身，犹割股以啖腹，腹饱而身毙。"这些论述都强调了人民在国家和社会生活中的重要地位，认为人民的利益应当放在首位。马克思主义同样始终站在人民大众的立场上，强调一切为了人民，一切依靠人民，全心全意为人民谋利益。人民性是马克思主义的本质属性，人民立场是马克思主义的根本立场。中华优秀传统文化与马克思主义在民本思想上的相通，不只是强调人民群众对于国家政权稳定的重要性，而且贯穿于中国封建社会的治世逻辑之中。《孟子》认为，"得天下有道：得其民，斯得天下矣"。只有让人民群众真正认同国家治理的施政愿景和政策措施，政权才得以稳定，社会才得以和谐。中国历史上出现文景之治、贞观之治、开元盛世和康乾盛世，都与重民本的施政方略密不可分。中华历史生动而有力地证明，唯有体察民情，尊重民意，顺应民心，改善民生，才能使国家长治久安；唯有对民众"既庶矣""富之""教之""教之以德，齐之以礼"[1]，才能真正实现"本固邦宁"。同样，马克思主义也将人民作为民主政治运行和国家治理的根本。马克思主义从历史唯物主义的角度出发，明确指出了人民群众是历史的创造者，强调人民群众既是物质财富与精神财富的创造主体，也是社会变革的主体力量。马克思主义的教育观与中华传统的"重民""利民""教民"思想高度契合。中国式现代化的民主实践进一步深化了对社会主义民主政治发展规律的认识，全面发展全过程人民民主，把人民当家作主体现在了国家治理和社会生活的各个方面。

中华民族是礼义之邦，与不同邻邦守望相助、与不同文明交流对话，不仅是中国人的处世之道，也是中华民族所追求的道德目标之一。《尚书·尧典》中有言："克明俊德，以亲九族。九族既睦，平章百姓。百姓昭明，协和万邦。"中华优秀传统文化中的"协和万邦"理念，植根于中国古代的天下观，是对先秦时期天下共主、诸侯国林立这一国家形态的思想回应，体现为最普遍的群体关怀，甚至超越了民族、文化和国家立场，传递出全世界命运与共、和谐共生的价值理想，体现了中华文明对人类命运的深切关怀。同样，马克思主义共同体思想站在人类历史发展的

---

[1] [清]翟灏:《翟灏全集》第二册，汪少华、安静点校，杭州：浙江古籍出版社，2016年，第479页。

高度，揭示了人类社会发展的必然趋势，即走向一个更加紧密、更加平等的共同体。基于这一思想，国与国之间的关系并非简单的竞争或对立，而是相互依存、相互尊重的和谐共生关系。中国共产党人作为马克思主义的坚定信仰者和实践者，以及中华优秀传统文化的忠实继承者和弘扬者，以一种超越国家主义、地域主义、民族主义的宏观视野，诠释"亲仁善邻、协和万邦"的价值追求，以期实现"兼济天下"的价值目标。而这种兼济天下的文化情怀，一经和追求全人类解放事业的马克思主义相遇，便爆发出改天换地的强大力量。无论是从理论释义上来讲，还是从价值内涵上来讲，"兼济天下"都强调全人类的共同福祉，倡导建立公平合理的国际秩序。事实上，马克思主义共同体构建的目标，就是实现全体人民的解放和自由全面发展。马克思主义视域下的全球治理目标，就是要构建一个没有剥削、没有压迫、人人平等、共同富裕的社会。这一目标与兼济天下的价值追求具有高度的一致性。这种一致性使得中华优秀传统文化和马克思主义在当代全球治理理论中具有结合的可能性，并能进而迸发出强大的实践伟力。此外，中华优秀传统文化协和万邦的精神理念与马克思主义共同体思想，在指明国际交往价值追求和人类社会发展方向的基础上，也为观察和思考全球治理体系改革提供了可行性路径。中华优秀传统文化超越了零和博弈、对立冲突的国际交往思维定式，为构建人类命运共同体提供了深厚的文化土壤，推动全球治理向更加公平、合理的方向发展。马克思主义共同体思想也为全球治理体系的改革和创新注入了方法论原则。在马克思主义看来，全球治理的过程就是不断推动人类社会向更高形态的共同体演进的过程。全球治理的实践需要推动各国间的平等对话和协商合作，构建更加紧密、更加平等的国际关系，共同应对全球性挑战，以辩证思维分析问题的本质和根源，找到解决问题的有效途径。

四

道德观念的相联

马克思主义与中华优秀传统文化在伦理道德方面具有内在关联和深度共鸣，这些契合点从理论和实践两个维度，构筑了人类道德文明的个体成长框架和社会运行逻辑，为推动社会进步和人类发展提供了强大的道德支撑。

中华优秀传统文化强调人的道德自觉和修养，人心和善便是这一精神文明的突出特质，也是根植在每一个中华儿女内心的行为守则。《周易》记载，"善不积不足以成名，恶不积不足以灭身"。老子提出"上善若水"[1]。曾子指出："人而好善，福虽未至，祸其远矣。人而不好善，祸虽未至，福其远矣。"[2]孟

---

[1]［魏］王弼注：《老子道德经》，楼宇烈校释，北京：中华书局，2011年，第22页。
[2]［清］魏源：《魏源全集》第二册，长沙：岳麓书社，2004年，第589页。

子提出,"恻隐之心,人皆有之"[1]"君子莫大乎与人为善"[2]。《大学》也指出:"大学之道,在明明德,在亲民,在止于至善。"可以说,与人为善、以善为美的"善文化"是五千多年中华文明的内在基因和历史积淀。与之相对应,马克思主义将道德视为一种社会意识形态,在对封建主义、资本主义旧道德的批判和否定中,赞扬革命和现实的道德观。马克思主义主张将友善上升为国家的普遍意志,揭示了资产阶级的"友善"实质上是一种伪善,指出资产阶级"公平、正义、博爱"的口号实际上是掩饰自己剥削和不道德行为的"粉饰"。马克思主义并不执着于抽象地谈论"善"观念,强调"善"是现实生活中的人在有目的性的实践活动中所表现出来的价值取向,物质生产活动与生产关系是建构友善观的基础。这种带有现实指向性的道德逻辑与中华优秀传统文化的价值理念内在契合,即都强调道德不只是一种理念,更要转化为实践的操守,只有实现了这种转化,道德才能展现出其规范力,成为恒久的价值形态。可见,无论是中华优秀传统文化,还是马克思主义,都强调通过内在向善的道德修养可以实现个体精神品格的完善和社会生活的和谐,体现了对人的内在道德力量的信任和尊重。

中华民族是重信义、讲情义的民族,中华优秀传统文化历来赞扬"义利并举,以义为先"的精神品质。这种义利观念认为,在追求个人利益的同时,必须遵循道义原则,以道义和公平正义

---

[1] [清]阮元校刻:《十三经注疏》,北京:中华书局,2009年,第5981页。
[2] [清]阮元校刻:《十三经注疏》,北京:中华书局,2009年,第5853页。

为思考与处理问题的出发点，实现个人与社会、个体与整体的和谐统一。孔子曰："君子喻于义，小人喻于利。"[1]这并非对利益的否定，而是强调在追求利益的过程中，应遵循道义原则，实现义利双赢。只有义利兼顾才能义利兼得，只有义利平衡才能义利共赢。儒家也提倡"以天下为己任"的集体主义精神，认为个人应当为社会的整体利益贡献自己的力量。这种个人利益与集体主义相协调的观念，体现了中华优秀传统文化在义利关系上的深刻洞察。马克思主义同样关注义利关系，但更多是从社会整体利益和长远利益的角度进行考量。马克思主义认为，正确的义利观应处理好道德与物质利益、公利与私利的关系，肯定利益是道德的基础，并强调道德对社会物质利益关系的调节作用。马克思主义强调"既然正确理解的利益是全部道德的原则，那就必须使人们的私人利益符合于人类的利益"[2]。在资本主义社会中，由于生产资料私有制的存在，个人利益与社会利益往往处于对立状态。而在社会主义和共产主义社会中，个人利益与社会利益则是统一的，个人在追求自身利益的同时，也在为社会整体利益作出贡献。可见，中华优秀传统文化和马克思主义在义利观上契合，不仅体现在对道义原则的共同遵循上，更体现在对个人与社会、个体与整体和谐统一的共同追求上。这种契合性不仅有助于我们更好地理解和把握义利关系的本质，也为我们处理

---

[1]《论语译注》，杨伯峻译注，北京：中华书局，2006年，第42页。
[2]《马克思恩格斯文集》第一卷，北京：人民出版社，2009年，第335页。

现实生活中复杂多样的社会关系提供了重要的思想指导。

在中华传统文化中，忠诚是君子行立于天地自然之间的根本。儒家思想作为中华文化的核心组成部分，强调"仁、义、礼、智、信"五常之道，其中"信"即包含了对忠诚的要求。忠诚不仅是对个人的品质要求，更是对家国天下的责任担当。在中华文化的语境中，忠诚意味着对国家的忠诚、对家庭的忠诚、对朋友的忠诚，甚至对职业的忠诚，它构成了社会道德体系的重要基石。作为政治品格的"忠"并非不分曲直的"愚忠"，而是"弘道利君"的"贤忠"。《荀子·臣道》中道明："从命而利君谓之顺，从命而不利君谓之谄；逆命而利君谓之忠，逆命而不利君谓之篡。"作为个人修养的"忠"并非一时功利的"伪忠"，而是时省时进的"精忠"。《论语》中记载："吾日三省吾身，为人谋而不忠乎？与朋友交而不信乎？传不习乎？"同样，在马克思主义看来，忠诚是对无产阶级革命事业的高度认同和坚定信仰的体现。无产阶级革命者必须忠诚于党的事业，忠诚于人民的利益，忠诚于社会主义和共产主义的理想。这种忠诚不仅是对个人品质的考验，更是对革命事业的坚定承诺。马克思主义强调"对党忠诚"的政治自觉。党的第一个纲领即明确党员须是"承认本党党纲和政策，并愿成为忠实的党员者"[1]，党的八大第一次将"对党忠诚老实"[2]作为党员义务写入党章。可以

---

[1] 中央档案馆：《中国共产党第一次代表大会档案资料（增订本）》，北京：人民出版社，1984年，第6页。

[2] 《中国共产党第八次全国代表大会文献》，北京：人民出版社，1957年，第826页。

说，忠诚是马克思主义政党坚强组织性和强大战斗力的保证，也是中国共产党人的首要政治品质。可见，中华优秀传统文化和马克思主义在忠、德、修身方面展现出深刻的契合性，这种契合性体现在两者对忠诚品质的高度关注、对个人修养与社会责任的高度统一。

中华优秀传统文化历来推崇自强不息的奋斗精神。五千多年来，中华民族历经沧桑而不绝、饱受苦难仍辉煌，关键就在于中华民族具有英勇顽强的奋斗精神。中国远古神话故事，如夸父逐日、精卫填海、女娲补天、愚公移山等，《易经》中的"天行健，君子以自强不息"，都彰显了人的奋斗精神。中华优秀传统文化赞扬个体为国家民族而矢志不移、赓续不息的担当作为。无论是"保天下者，匹夫之贱与有责焉耳矣"[1]的国家观，还是"为天地立心，为生民立道，为去圣继绝学，为万世开太平"[2]的宏大夙愿，抑或是"士不可以不弘毅，任重而道远"[3]的恒久使命，都折射出中国古代仁人志士为实现民富国强的价值追求而殚精竭虑、自强不息、接续奋斗的生动实践。马克思主义同样关注个人之于社会的责任使命，推崇奋斗精神。马克思主义认为，人类历史就是不断发挥人的主观能动性，通过实践有目的地改造客观世界的奋斗史，是不断探索、不懈追求美好生活的奋斗史。

---

[1] [清]顾炎武撰，[清]黄汝成集释：《日知录集释》（中），栾保群校点，北京：中华书局，2020年，第682页。

[2] [宋]张载：《张载集》，章锡琛点校，北京：中华书局，1978年，第376页。

[3] [春秋]孔子：《论语》，杨伯峻、杨逢彬注译，长沙：岳麓书社，2000年，第72页。

在马克思主义看来，无产阶级革命者不仅要有坚定的信仰和高尚的品质，还要积极投身到社会实践中去，为实现社会的解放和发展贡献自己的力量。尽管为实现人类解放和进步需要付出艰苦的努力和牺牲，但这种奋斗精神和奉献精神是推动社会变革和进步的重要动力。马克思主义经典作家关于奋斗精神有着诸多论述。马克思指出："任何一个民族，如果停止劳动，不用说一年，就是几个星期，也要灭亡，这是每一个小孩子都知道的。"[1] 毛泽东在革命建设年代，旗帜鲜明地提出"务必使同志们继续地保持艰苦奋斗的作风"[2]。习近平总书记也要求全党同志"永远保持中国共产党人的奋斗精神"[3]"始终保持革命者的大无畏奋斗精神"[4]。中华优秀传统文化和马克思主义关于自强不息奋斗精神的内涵贯通，诠释了鲜明的民族文化基因，彰显了中国共产党人精神谱系的精髓要义，是历史的真实写照，也指引着我们为强国建设、民族复兴贡献全部力量。

---

[1]《马克思恩格斯选集》第四卷，北京：人民出版社，2012年，第473页。

[2] 毛泽东：《在中国共产党第七届中央委员会第二次全体会议上的报告》，北京：人民出版社，2004年，第24页。

[3]《习近平关于社会主义精神文明建设论述摘编》，北京：中央文献出版社，2022年，第149页。

[4]《习近平关于社会主义精神文明建设论述摘编》，北京：中央文献出版社，2022年，第162页。

第四章

"魂脉"与"根脉"
如何互相成就?

大道相通，大理相融。马克思主义与中华优秀传统文化作为不同时代、不同地域的两种思想文化体系，并未因其异质性而相互抵触。反之，在社会追求、哲学思辨、治理思想、道德观念等诸多方面，马克思主义与中华优秀传统文化都展现出高度的契合性，这使得两者之间的结合具备了现实可能性。以这种高度契合性作为前提，两种思想文化体系之间相互补充、相互促进，在彼此契合的基础上更进一步达到一种"相成"的境界。在中国革命、建设、改革和新时代的磅礴征程中，"魂脉"与"根脉"双向互动、相互赋能、相得益彰，在相互激荡和融合中产生了巨大而深刻的效应：让马克思主义成为中国的，让中华优秀传统文化成为现代的，并在相互成就的过程中发挥了显著作用。新时代新征程上，牢牢把握"魂脉"与"根脉"的双向互动关系，主动推进"魂脉"与"根脉"深度结合、互相成就，中国特色社会主义道路的根基会更加巩固，理论创新与实践创新的空间将愈益广阔，中华文化的主体性必然得到高度彰显！

让马克思主义成为中国的

习近平总书记指出："中华优秀传统文化充实了马克思主义的文化生命，推动马克思主义不断实现中国化时代化的新飞跃，显示出日益鲜明的中国风格与中国气派,中国化马克思主义成为中华文化和中国精神的时代精华。"[1] 马克思主义自传入中国以来,就植根于中华优秀传统文化提供的历史文化沃土中。得益于中华优秀传统文化提供的丰厚滋养,马克思主义不仅具有了反映中华民族特性的表达形式,而且逐渐被赋予了中华民族独特的精神气质,更在当代中国发展出中国化时代化的马克思主义这一理论样态。经由这一深刻的"化学反应",马克思主义从源于西欧的外来思想理论体系,内化成了中华民族当代文化的组成部分。

第一,马克思主义在与中华优秀传统文化结合的过程中,生成了具有中华民族特性的表达形式。任何一种理论体系都是由特定的概念、范畴、命题构成的。马克思主义也是建立在特定的概念、术语、范畴之上的科学理论体系,其话语表达体系自成一体。然而,这样一个外来的思想理论体系要想真正在中国发挥作用,"必须完全脱下它的外国服装"[2],换上"中华民族的服装",也就是说,要实现话语形式的转换。作为马克思主义中国化的首创者,毛泽东在论及马克思主义中国化时曾深刻指出,要"使马克思主义在中国具体化,使之在其每一表现中带着必须有的中国的特性"[3]。可见,无论是马克思主义的创始人,还是将马克思主义中国化的杰出领袖人物,都认识到马克思主义基本观点

---

[1] 习近平:《在文化传承发展座谈会上的讲话》,北京:人民出版社,2023年,第6页。
[2]《马克思恩格斯选集》第四卷,北京:人民出版社,2012年,第276页。
[3]《毛泽东选集》第二卷,北京:人民出版社,1991年,第534页。

的阐释和传播必须符合其所在社会的话语表达体系。在中华优秀传统文化的具体语境中，马克思主义的理论话语被自觉地赋予了中华民族的表达形式。

语言是思想的载体，思想是语言的内核。在长期的历史发展与积淀中，中华民族形成了独具特色的思想文化和语言特点，集中地体现在中华优秀传统文化这一智慧结晶中。中华优秀传统文化中蕴含着无数宝贵的遗产，包括丰富生动的哲学语言、富有智慧的表达方式等等。中华优秀传统文化中的许多故事、典故、诗词、俗语、格言、警句，精准巧妙地表述了深邃的自然哲理和人生哲理，它们作为中华优秀传统文化的载体，为表达、阐释马克思主义提供了积极的话语资源和富有民族特性的话语表达方式。

历史上，马克思主义最初是作为西欧社会主义学说的一个派别被介绍到中国来的，马克思主义的社会主义学说最先引起了中国人的兴趣。如何翻译"社会主义""共产主义"这样的词汇、范畴，在介绍和传播马克思主义的过程中就成为非常关键的问题。对当时的中国人来说，"社会主义""共产主义"这类词汇还是全新的概念。因此，马克思主义在中国的早期传播者，往往借用中华优秀传统文化的既有术语和概念，来介绍马克思主义的概念、范畴。最早在中国介绍马克思主义的朱执信，就曾从中华优秀传统文化的语汇中，寻找与"社会主义"意义相近的词语。1906年，朱执信发表在《民报》上的文章，曾把"社会主义"译为"民生主义"。尽管这样的理解与"社会主义"这一概念的本义存在一定距离，但却能够使中国人较为容易地把握它的社会理想和价值目标，提升了马克思主义的话语感染力。"共产主义"的最初诠释同样也离不开中华优秀传统文化的智慧。早期的马克思主义传播者通常借用"公""均平"来翻译"共产主义"，用中华民族的语词来表达"共产主义"这一基本范畴，从而帮助人们更好地理解马克思主义的思想理论体系。

随着马克思主义在中国的进一步传播，以马克思主义为指导的中国共产党一经成立，就认识到马克思主义与中华民族话语体系结合的重要性，更加自觉地丰富马克思主义的表达形式，努力让马克思主义说中国话。例如，中国共产党人结合传统文化的表述方式，来言说马克思主义的辩证法。关于辩证法的基本精神，毛泽东曾用"事物都是一分为二的"来阐释；关于辩证法所揭示的矛盾同一性和斗争性的关系，毛泽东用"相反相成"来表达；关于解决矛盾的方法，毛泽东借用《水浒传》中"三打祝家庄"的故事来说明。这就使高度抽象的唯物辩证法原理得到了通俗易懂、生动活泼的表达，增强了马克思主义在文化向度上的吸引力、感染力、影响力，有效启发了人们对辩证法的理解，使唯物辩证法真正成为中国人民的思想财富。除了毛泽东，中国共产党的其他领袖也都是善用中华优秀传统文化资源来表达马克思主义科学理论的典范。"小康"社会理想、"以德治国"思想、"和谐社会"理念都是马克思主义科学理论在不同方面的具体化、民族化表达。习近平总书记在治国理政新实践中，更是善于用中华优秀传统文化的话语范式来表达马克思主义的基本理论和重要观点，既讲透了马克思主义深刻的哲理，也富有强大的感染力、号召力，是我们研究、宣传和传播马克思主义的典范。

得益于中华优秀传统文化提供的丰富话语资源，一方面，马克思主义的概念叙事转化为中国人民喜闻乐见的表达形式，使得马克思主义的理论原貌和思想内核不仅在中国思想界和知识分子群体中被接受，也为中国广大的人民群众所理解；另一方面，产生于西方语境中的马克思主义思想理论，转换为中华民族的语言和表达，推动了马克思主义为中国人民所理解、接受和践行。可以说，中华优秀传统文化赋予了马克思主义鲜活的中国内容和民族形式，使得马克思主义讲出了中国话，彰显出中国风格与中国气派，进而为中国人民所喜爱、所认同、所拥有，促使马克思主义在中国获得最广泛的认同，赢得最大公约数。

第二，马克思主义在与中华优秀传统文化的结合过程中，不断被赋予着中华民族的精神气质。实际上，中华民族在五千多年的历史进程中孕育的光辉灿烂的中华优秀传统文化，不仅体现在具象化的发明创造上，也体现在中华民族无形的精神气质之中。中华优秀传统文化内含着中华民族独特的精神气质和精神品格，植根于中华优秀传统文化的马克思主义，也必然受到中华民族深层次的精神气质影响，从而更深地在中国大地上扎根立足。

在理论实质方面，马克思主义不是等到黄昏时才起飞的密涅瓦的猫头鹰，而是昭示着黎明到来的报晓的雄鸡。换言之，马克思主义的目的并非仅仅解释世界，而在于改造世界，这是马克思主义不同于其他思想理论的实质所在。因此，如何将理论有效地转化为实践从而在现实世界中发挥效用，是马克思主义的内在关切，正如毛泽东所提出："没有抽象的马克思主义，只有具体的马克思主义"[1]。与各国的具体国情、文化传统接触并相互影响，是马克思主义内在的需要，唯有如此，马克思主义才能成为具体的、现实的理论存在。而中华优秀传统文化在这方面发挥了不可替代的重要作用。具体来说，中华优秀传统文化为马克思主义提供了具体的文化情境和历史语境，使马克思主义在中国得以具体展开和呈现，马克思主义的文化生命才真正具有了现实形态。而且，就中华优秀传统文化的内在品格而言，其本身就具有注重实践、关注社会的特点。习近平总书记在纪念孔子诞辰 2565 周年国际学术研讨会开幕会上指出中华优秀传统文化中蕴藏的重要思想理念："关于脚踏实地、实事求是的思想，关于经世致用、知行合一、躬行实践的思想"[2]——都突出了中华优秀传统文化注重实践的特点。习近平总书记进一步指出："在漫长的历史进程中，中华民族创造了独树一帜的灿烂文化，积累了丰富的治国理政经验，其中既包括升平之世社会发展进步的成功经验，也有衰乱之世社会动荡的深刻教训"[3]。由此可见，中华优秀传统文化不是疏离于生活世界的抽象思辨，其本身包含着丰富

---

[1]《中共中央文件选集》第十一册，北京：中共中央党校出版社，1991 年，第 658 页。

[2] 习近平：《在纪念孔子诞辰 2565 周年国际学术研讨会暨国际儒学联合会第五届会员大会开幕上的讲话》，北京：人民出版社，2014 年，第 6 页。

[3] 习近平：《论党的宣传思想工作》，北京：中央文献出版社，2020 年，第 88 页。

的治国理政智慧，为马克思主义更好地指导实践、发挥作用注入了深层的实践智慧。

在精神追求方面，马克思主义是为人类谋求解放的科学真理，指明了人自由全面发展的方向和道路。但是，理想社会并不能从天而降，马克思主义特别强调实践主体的自觉能动性。正是具有主体性的现实的个人，构成了人类历史不断向前发展的动力。在漫长的历史进程中，中华民族内在地形成了自强不息的伟大精神气质，这种自觉、主动、进取精神早已融汇进中国人民思想观念的深处，激励着历史上无数仁人志士不断拼搏奋斗。习近平总书记指出："中国人民的理想和奋斗，中国人民的价值观和精神世界，是始终深深植根于中国优秀传统文化沃土之中的"[1]。中华民族独立自主、不断进取的精神，在历史中赓续相传，在民族危亡时刻依然表现出强劲的生命力。马克思主义传入中国之前，中国有识之士挽救中国的尝试均以失败告终，但中华民族在这样危急的时刻也没有分崩离析。马克思主义传入中国短短两年的时间，便成立了以马克思主义为指导的中国共产党，从而使中国革命呈现出崭新的面貌。中国共产党人带领人民不断战胜各种磨难和风险挑战，引领中华民族捍卫了民族独立和自由，他们身上展现的正是中华民族自强不息的坚韧品格。时至今日，自强不息的精神气质仍然通过历史的血脉浸润于中国共产党人和中国人民身上，马克思主义在中国的发展也因此获得了

---

[1]《习近平著作选读》第一卷，北京：人民出版社，2023年，第282页。

主体性力量和持续动力。

在精神特质方面,任何一种思想理论如果失去了创新功能,都会凝固和僵化,必然落后于时代,马克思主义也是如此。唯有创新才能体现出马克思主义的真正生命力,也才能使马克思主义在中国站稳脚跟。在这个意义上,创新成为马克思主义的文化生命源泉,也是马克思主义与时俱进、向前发展的内在要求。马克思主义创立时,就具有开放的精神气质和品格,但还只是作为理论的可能性而存在。马克思主义传入中国后,中华优秀传统文化成为马克思主义创新发展的前置条件,也构筑了马克思主义不断创新的文化空间,为马克思主义的发展提供了不竭动力。原因在于,中华优秀传统文化本身就是一个有生命的、开放的、发展的体系,其宽阔的文化格局、开放的文化品格为马克思主义的发展打开了广阔的理论空间。从历史上看,中国思想文化的发展过程中有多次与外来文化的交流,在与世界上其他文化的交流、交融中,中华文化不断自我调整、自我更新。随着时代的发展和中华民族实践水平、认识能力的提高,中华优秀传统文化不断丰富和发展自身的内涵。在中华优秀传统文化与马克思主义的交流中,也凸显了这一点。概而言之,中华优秀传统文化并未因其厚重的积淀而封闭马克思主义的发展空间,而是与马克思主义相互作用,不失时机地支撑着马克思主义新的发展,确证和实现了马克思主义的开放品格。

第三,马克思主义在与中华优秀传统文化的结合过程中,形成了具有中华民族风格的理论样态。马克思认为:"人们自己创造自己的历史，但是他们并不是随心所欲地创造，并不是在他们自己选定的条件下创造，而是在直接碰到的、既定的、从过去承继下来的条件下创造。"[1]马克思主义在中国传播、发展的进程也同样不是凭空实现的。马克思主义植根于中华优秀传统文化的土壤中，充分融合中华优秀传统文化的表达形式，延续中华民族独特的精神气质，在中国的实践中不断实现其自身的发展，形成了具有突出特色和鲜明风格的中国化马克思主义理论成果。作为有机统一的新的文化生命体，中国化马克思主义成为中华文化和中国精神的时代精华。

马克思主义既一脉相承，又与时俱进。推进马克思主义中国化时代化，是贯穿中国共产党百年历史的一条主线。习近平总书记指出："坚持和发展马克思主义，必须同中华优秀传统文化相结合。"[2]中国共产党在不同时期创造的马克思主义中国化时代化的丰硕成果，既是中国共产党一以贯之坚持马克思主义的表现，也显示出百年大党"把马克思主义思想精髓同中华优秀传统文化精华贯通起来"[3]，在五千多年中华文明深厚基础上创新和发展马克思主义的历史主动性和文化主动性。中国共产

---

[1]《马克思恩格斯选集》第一卷，北京：人民出版社，2012年，第669页。

[2] 习近平：《高举中国特色社会主义伟大旗帜　为全面建设社会主义现代化国家而团结奋斗——在中国共产党第二十次全国代表大会上的报告》，北京：人民出版社，2022年，第18页。

[3] 习近平：《高举中国特色社会主义伟大旗帜　为全面建设社会主义现代化国家而团结奋斗——在中国共产党第二十次全国代表大会上的报告》，北京：人民出版社，2022年，第18页。

党在新民主主义革命时期、社会主义革命和建设时期、改革开放和社会主义现代化建设新时期以及中国特色社会主义新时代产生的重大理论成果，无不彰显着马克思主义的中国形态、现实形态。以毛泽东同志为主要代表的中国共产党人，在解决中国革命和建设的实际问题过程中，自觉汲取中华优秀传统文化的智慧。例如，毛泽东把中华优秀传统文化的思想方法同辩证唯物主义有机融合，将"实事求是"上升为中国共产党的思想路线；把中华优秀传统文化的民本思想和唯物史观融合贯通，提出群众路线，将其作为党的生命线和根本工作路线。在改革开放和社会主义现代化建设新时期，中国共产党人围绕"什么是社会主义、怎样建设社会主义""建设什么样的党、怎样建设党""实现什么样的发展、怎样发展"等重大时代课题，以马克思主义为根本指导思想，同时吸纳中华优秀传统文化的养分，推动党的理论创新进程呈现出新的面貌。党的十八大以来，习近平总书记高度重视中华优秀传统文化，在继续推进马克思主义中国化时代化的进程中，创造性地将中华优秀传统文化与马克思主义更加有机地结合起来。实践证明，习近平总书记是创造性运用优秀传统文化的典范，结合时代要求提炼概括出许多重大创新理念和思想。例如，"江山就是人民、人民就是江山"的庄严承诺，吸收借鉴了天下为公、民为邦本、为政以德等传统治国理念，赋予马克思主义群众史观鲜明的中国风格；"在实践中发现真理、发展真理，用实践来实现真理、检验真理"的明确要求，蕴含着"知行合一"的智慧，凸显了马克思主义实践观的中国气派。

习近平总书记在党的二十大报告中指出："中国共产党为什么能，中国特色社会主义为什么好，归根到底是马克思主义行，是中国化时代化的马克思主义行。"[1]习近平总书记的这一重要论断，凸显了"中国化时代化的马克思主义行"所具有的"归根到底"的作用和意义。中国化时代化的马克思主义之所以具有如此强大的理论力量和思想智慧，离不开马克思主义科学理论的真理魅力，也离不开中华优秀传统文化的支撑。实际上，正是中华优秀传统文化为马克思主义的创新发展提供了源源不断的文明滋养和丰厚的文化底蕴，根植于中华大地的思想文化精华，融合进马克思主义中国化时代化的理论体系之中，造就了中国化时代化马克思主义这一理论样态，凝聚成了中国化时代化马克思主义的崭新形态。

二

让中华优秀传统文化成为现代的

中华优秀传统文化是中华民族在进入现代社会以前的长期历

---

[1] 习近平：《高举中国特色社会主义伟大旗帜　为全面建设社会主义现代化国家而团结奋斗——在中国共产党第二十次全国代表大会上的报告》，北京：人民出版社，2022年，第16页。

史发展中形成的文化,对人们的思想行为发挥着潜移默化的影响。面对传统社会到现代社会的转型、农业社会到工业社会的转型,传统文化无法凭借自身力量完成现代性转化。马克思主义把先进的思想理论带到中国,凭借其独有的真理力量担当起推动传统文化现代转型的使命,以真理的力量激活了中华民族历经几千年创造的优秀文化,使得古老的中华文明焕发出时代魅力,展现出蓬勃生机。

第一,马克思主义激活了中华优秀传统文化中富有生命力的优秀因子。习近平总书记在文化传承发展座谈会上指出:"从民本到民主,从九州共贯到中华民族共同体,从万物并育到人与自然和谐共生,从富民厚生到共同富裕,中华文明别开生面,实现了从传统到现代的跨越,发展出中华文明的现代形态。"[1]马克思主义是科学的世界观和方法论,运用马克思主义的立场、观点与方法,能够精准鉴别、深入挖掘中华优秀传统文化的精髓要义,从而激活中华优秀传统文化中富有生命力的优秀因子,在批判性继承中赋予其新的时代内涵。

马克思主义激活了中国传统民本思想,推动中华文明实现从民本到民主的革新。民本思想是中华民族源远流长的政治传统,贯穿于中华民族几千年的文明发展史。《尚书》中就有"民惟邦本,本固邦宁"的记载,周公提出了"敬德保民""敬德安民"等一系列理念,儒家主张"民贵君轻",道家提出"天之道,损

---

[1] 习近平:《在文化传承发展座谈会上的讲话》,北京:人民出版社,2023年,第6页。

有余而补不足"的主张。这些思想都蕴含着浓厚的人文主义精神，彰显了统治阶级和思想家对民众的关怀与重视。但是，中华传统文化中的民本思想根植于小农经济这一封建生产方式之上，只能认识到人民的支持对维护统治者政权的作用，无法从社会历史发展规律的角度认识到广大人民创造历史的力量。马克思主义恰恰真理性地揭示了人民群众的地位："历史什么事情也没有做……创造这一切、拥有这一切并为这一切而斗争的，不是'历史'，而正是人，现实的、活生生的人。"[1]马克思主义认为，不论是社会物质生活还是精神生活，甚至整个人类历史，都是人民群众创造出来的，群众史观是马克思主义看待人民群众的根本立场、对待人民群众的根本态度。可以说，马克思主义从社会历史发展规律的高度，激活了传统民本思想的优秀成分，使其释放出时代的光芒。

马克思主义激活了中华民族大一统的历史传统，推动中华文明实现从九州共贯、多元一体的大一统传统到中华民族共同体的革新。习近平总书记强调："多民族的大一统，各民族多元一体，是老祖宗留给我们的一笔重要财富，也是我们国家的一个重要优势。"[2]在中华民族形成与发展的历史进程中，各民族相互依存、相互补充，在广袤的中华大地上共同生产生活，形成并不断发展了"九州共贯、多元一体"的基本格局。《汉书·王吉传》有

---

[1]《马克思恩格斯全集》第二卷，北京：人民出版社，1957年，第118页。
[2]《习近平关于社会主义政治建设论述摘编》，北京：中央文献出版社，2017年，第149页。

"《春秋》所以大一统者，六合同风，九州共贯也"的记载，展现了宏阔疆域下实现大一统的政治愿景和治理思想。与之对应，马克思主义把民族问题置于无产阶级革命和未来社会建设的视域中，认为民族是一种历史现象，其必然经历产生、发展和消亡等过程，民族融合是民族演进过程的必然结果。列宁指出："社会主义的目的不只是要消灭人类分为许多小国的现象，消灭一切民族隔绝状态，不只是要使各民族接近，而且要使各民族融合。"[1]近代以来，以马克思主义为指导的中国共产党正确处理社会革命与民族问题的辩证关系，引导各民族共同抗击外侮、引导中华民族从自在走向自觉。马克思主义创造性地激活了中华民族的大一统传统，极大地深化了中华民族与外界的交往交流交融，不断增强中华民族的共同体意识，不断巩固着中华民族共同体。

马克思主义激活了中华优秀传统生态文化，推动中华文明实现从万物并育到人与自然和谐共生的革新。习近平总书记指出："中华民族向来尊重自然、热爱自然，绵延五千多年的中华文明孕育着丰富的生态文化。"[2]人与自然的关系是中国思想传统中一个重要的方面，在长期的思考和探索中，中华优秀传统文化积累了丰富的生态智慧。儒家将"仁"的思想由人及物进而推行到自然界，秉承"天人合一"的理念，表达了对人与自然和谐共

---

[1]《列宁选集》第二卷，北京：人民出版社，2012年，第7页。
[2] 习近平：《论坚持人与自然和谐共生》，北京：中央文献出版社，2022年，第1页。

存的追求。道家思想也十分注重自然,"人法地,地法天,天法道,道法自然"是道家对自然的基本认知,主张以自然无为的态度对待自然万物。佛家文化提倡"勿杀生"的理念,表达了对自然万物生命的敬畏与尊重。建立在对现代生产力发展规律的认识基础上,马克思主义深化了人和自然之间辩证统一关系的认识,认为自然界是人类社会产生、存在和发展的基础和前提,主张人的实践活动应充分尊重自然的运行规律,人与自然应当和谐相处、共同发展。中华优秀传统文化中蕴含的生态文化和"万物并育而不相害"的价值理念,经由马克思主义科学的自然观的激活,孕育和升华成了人与自然和谐共生的重要理念,并提升到中华民族永续发展的根本大计的战略高度,从而推动人与自然和谐共生的现代化取得实质性进展。

马克思主义激活了中国传统富民思想,推动中华文明实现从富民厚生到共同富裕的革新。实现共同富裕是中国人民共同的夙愿,两千多年前,古代思想家就提出了丰富的富民思想。在孔子的富民、教民的治国之道中,必须先"富之",后"教之",孔子把"富之"放在了第一位。孟子提出"制民之产""有恒产者有恒心"的思想。管子提出"治国之道,必先富民"思想,指出"仓廪实则知礼节,衣食足则知荣辱"。西汉著名政论家贾谊也把养民富民作为执政施政的首要任务,提出"夫为人臣者,以富乐民为功,以贫苦民为罪"。可见,传统文化的富民厚生思想表达了对美好生活状态的憧憬。然而,由于缺乏科学理论的指导和社会制度的保证,这一思想只能是人们的一种美好愿望。

马克思主义从生产力与生产关系、经济基础与上层建筑之间的对立统一关系出发，揭示了人类社会发展的一般规律，从而指明了共同富裕实现的历史必然性和基本条件。马克思主义认为，只有当社会生产力发展到一定程度，并建立以生产资料公有制为基础的社会，才能真正消灭剥削关系，从而实现全社会的共同富裕。可以说，马克思主义赋予传统的富民思想以坚实的科学根基，更新了古老的富民思想的现实意义。

第二，马克思主义引领中国走进现代世界，走出了一条中国式现代化新道路，为中华优秀传统文化的现代性转化提供了有力的现实支撑。习近平总书记强调，"要使中华民族最基本的文化基因与当代文化相适应、与现代社会相协调"[1]。基因是生命的基本单元，决定着生命体的基本构造。对一个民族、一个国家而言，文化基因决定了其精神世界的构成和性质。中国传统文化产生于农耕生产方式和以宗法式共同体为基础的伦理社会中，中华民族最基本的文化基因也是在这一背景下生成的。受到特定历史条件的影响，中华民族最基本的文化基因不可避免地带有历史性特征。要想让中华民族的基本文化基因适应当代文化和现代社会，必然需要对其进行现代化改造。然而，这一改造的过程，不能仅仅停留在思想观念层面的重构，还必须以社会发展和社会变革的大局为现实支撑。这既是历史唯物主义所揭示的经

---

[1]《习近平关于社会主义精神文明建设论述摘编》，北京：中央文献出版社，2022年，第211页。

济基础与上层建筑矛盾关系原理的内在要求，也是世界各国现代化的共同历史经验。

实践证明，任何经济社会发展水平落后的民族，都不可能仅凭借传统文化维系民族独立和文明进步，也无法在缺乏物质基础的前提下推动文化的现代转型。近代以来，马克思主义在推动中国社会发展的进程中，改变了中华民族文化基因的社会基础。鸦片战争以后，中国逐步沦为半殖民地半封建社会，国家蒙辱、人民蒙难、文明蒙尘。古老的中国社会如何才能从传统走向现代？古老的文化基因何以从传统形态转变为现代形态？以马克思主义为指导的中国共产党，不仅解决了中国社会的出路问题，也解决了危机中的传统文化存亡问题。中国共产党团结带领人民深刻改变了中华民族的前途和命运，通过反抗西方殖民主义的侵略而引领中国走进现代世界，使传统文化从过去的物质基础和政治制度中解放出来，中华优秀传统文化能够向着符合当今时代要求、顺应当代实践需要的现代文化来发展。可以说，马克思主义在改变中华民族历史命运的过程中挽救了传统文化，中华优秀传统文化浴火重生，在新的起点上接续发展，实现空前的生命更新和现代转型。同样关键的是，马克思主义作为最先进的科学理论，不仅带来了中国社会的现代新生，赋予中华优秀传统文化以现代性，更能够深刻洞见西方现代化道路的弊端，促使中国人民更加自觉地从中华优秀传统文化中汲取丰富的营养，从而找到了自身现代化实践的独特方位。反过来，中华优秀传统文化也为中国式现代化提供了丰厚滋养，在中国式现代化的伟大实践中焕发出新的生机。

实践无止境，中华优秀传统文化的现代性转化也要随着实践的发展不断深入推进。要构建与当代文化相适应、与现代社会相协调、能为中国式现代化提供助力的思想文化，必须一以贯之地以马克思主义为指导，不断改造和重构中华民族基本的文化基因。原因在于，马克思主义对于人类社会的文化现象进行了科学剖析，坚持马克思主义的世界观和方法论，能使我们对传统文化的形成过程与发展趋势形成更加科学、客观、全面的认识，能指导我们站在人类社会发展的高度看待传统文化，回答新时代人与自然、人与社会、人与自身的关系的问题，彰显传统文化基因的现代性价值。具体而言，要坚持马克思主义的立场、观点和方法，坚持古为今用、去粗取精、去伪存真，立足于中国经济社会发展的实际、立足时代特点，对包含合理因素的传统文化基因，经由创造性转化、创新性发展，使其能够符合当代文化和现代社会的要求。一方面，不能简单地移植运用传统文化的资源，也不能无原则地肯定传统文化的思想内容。守正不守旧、尊古不复古是我们进行当代文化建设的明确遵循，它指向一场基于实践、立足过去、面向未来的文化复兴。另一方面，以马克思主义为指导，自觉选择、甄别符合社会发展要求的传统文化基因并予以当代阐释，自觉摒弃落后的思想观念，使传统文化基因的积极因素与现代社会相衔接。

新时代，中华文明探源工程取得重要进展，《儒藏》等古籍编纂工作取得重大成果，中华优秀传统文化传承发展工程正在大力推进……以马克思主义为科学指引，中华民族的文化基因得以不断拓展、重构和超越，不断生发出现代化的积极力量，并与现代文化发生深层次的融合创新。历史悠久的中华优秀传统文化由于受到马克思主义的推动，迎来新的发展条件；古老的中华文明如凤凰涅槃，再次焕发生机。这足以证明，马克思主义真理的力量创造性地提升和改造了传统文化基因，使其焕发出新的生机和活力。

第三，马克思主义指明了中华优秀传统文化创造性转化、创新性发展的根本方向。有论者指出："文化不是凝固的雕塑，而是流动的活水；水往哪个方向流，与现实的实践需要和社会制度密不可分。"[1]中华优秀传统文化以强大的生命力不断延续发展，但发展的方向是什么？中国传统文化的未来将向何处去？习近平总书记在党的十九大报告中明确指出：发展中国特色社会主义文化，"要坚持为人民服务、为社会主义服务"[2]。破解中华优秀传统文化前途命运的问题，既要"不忘本"，向着中华民族千年梦想不停步，用人民底色绘就中华优秀传统文化赓续传承的新画卷；也要"走正道"，沿着马克思主义指明的前进方向不动摇，用科学社会主义照亮中华优秀传统文化创新发展的新道路。从根本上讲，中华优秀传统文化的命运不在于文化本身，而是取决于能否运用马克思主义的立场、观点和方法去改造、革新、重塑

---

[1] 人民日报评论部：《深入学习贯彻习近平总书记在文化传承发展座谈会上的重要讲话精神》，北京：人民出版社，2023年，第81页。

[2]《习近平著作选读》第二卷，北京：人民出版社，2023年，第34页。

传统文化。在当代中国，中华优秀传统文化的现代性转化必须以马克思主义为主轴，必须坚持马克思主义所内在要求的为人民服务、为社会主义服务的方向。

马克思主义通过对德国古典哲学的批判、对古典政治经济学的批判、总结社会主义运动的经验形成了自身的理论体系，在人民的立场上谋求全人类的解放，在揭示人类社会发展规律的同时，凸显出坚守人民立场的根本价值取向。一方面，马克思主义坚持现代化的社会发展方向，认为传统社会向现代社会的转变是历史发展的必然趋势；另一方面，马克思主义又对西方现代化作出了极为深刻的理论批判，得出了资本主义必然灭亡、社会主义必然胜利的"两个必然"结论，并提出了实现这一目标的社会主义道路，引领人民迈向人的自由而全面发展得以实现的"自由人联合体"。文化作为社会结构的一部分，并非静态的存在，也必然要在社会变革的进程中经历现代化的演进。在马克思主义的指引下，传统中国从落后的半殖民地半封建社会，跨过资本主义制度的"卡夫丁峡谷"而直接进入社会主义，避免了西方资本主义国家充满血腥的原始积累老路，选择了争取民族独立、人民解放和实现国家富强、人民富裕的社会主义道路，塑造了中国共产党领导下的社会主义中国。这也意味着，以马克思主义为引领，党带领人民成功地开辟出一条传统文化现代化发展的道路。这条道路不是一般的文化发展道路，社会主义是这条道路的基本属性。经过对中国文化发展道路和文化建设问题的长期探索，我们党高度重视把弘扬中华优秀传统文化同马克思主义立场、观点和方法结合起来，从而开辟出了中国特色社会主义道路，并在中国特色社会主义文化建设的总体框架中提出和阐发了中华优秀传统文化创造性转化、创新性发展的目标和方法，不断为文化发展道路赋予"中国特色"。社会主义文化，从本质上讲是人民的文化，其价值基础就是满足广大人民的利益，实现人民的幸福，这就决定了中华优秀传统文化要实现创造性转化、创新性发展，必须始终坚持为人民服务、为社会主义服务的根本方向。

人民群众创造历史的根本力量不仅体现在创造物质财富这一方面，也反映在有形和无形的精神财富中，生生不息的中华优秀传统文化就是中华儿女创造性的生动诠释。面向未来，中华优秀传统文化的转化更应当深深扎根于人民群众的现实生活这一源头活水，反映人民关切，回应人民所需。习近平总书记指出："创造性转化，就是要按照时代特点和要求，对那些至今仍有借鉴价值的内涵和陈旧的表现形式加以改造，赋予其新的时代内涵和现代表达形式，激活其生命力。创新性发展，就是要按照时代的新进步新进展，对中华优秀传统文化的内涵加以补充、拓展、完善，增强其影响力和感召力。"[1] 在对中华优秀传统文化进行创新性发展的过程中，要站稳马克思主义的人民立场。具体来说，必须把人民作为"两创"的主体和受益者，把满足人民精神文化需求作为"两创"的出发点和落脚点，跟上时代发展，把

---

[1] 习近平:《论党的宣传思想工作》，北京：中央文献出版社，2020年，第57页。

握人民需求，找准中华优秀传统文化的方位，推出更多增强人民精神力量、为人民喜闻乐见的优秀传统文化表现形式，让人民的精神文化生活水平不断迈上新台阶。在文化产品的具体创作中，也要把人民作为中华优秀传统文化表现的主体，把人民作为"两创"成效的评判者。总之，在传承发展中华优秀传统文化的进程中，必须自觉以马克思主义为引领，始终坚持马克思主义在意识形态领域的指导地位，坚守科学社会主义的正确方向，彰显人民的主体地位，从而确保文化发展方向不偏移，为传承和发展中华优秀传统文化汇聚起强大的人民力量。

三

在互相成就中发挥显著作用

"中国共产党既是马克思主义的坚定信仰者和践行者，又是中华优秀传统文化的忠实继承者和弘扬者。"[1]"第二个结合"建立在坚守马克思主义这一"魂脉"的基础之上，将坚持马克思主义基本原理与形成中国化时代化的马克思主义有机地联系在一起；同时也建立在坚守中华优秀传统文化这一"根脉"的基础之上，将传承弘扬中华优秀传统文化与创造性转化、创新性发展中

---

[1] 习近平：《在文化传承发展座谈会上的讲话》，北京：人民出版社，2023年，第6页。

华优秀传统文化有机地联系在一起。马克思主义与中华优秀传统文化两者互相成就，属于在继承中发展、在发展中继承的有力表现，过程中还体现了对人类文明一切优秀成果的吸收和借鉴，具有时代赋予的新特征和生命力，从而能够正确地反映时代发展趋势。因此，两者互相成就的过程，必然会因积淀丰富、底蕴厚重而生机勃勃、充满活力，进而从多个方面发挥显著作用。

首先，在互相成就中筑牢了道路根基。这一过程有力地证明，中国道路不仅建基于科学社会主义，拥有了马克思主义真理力量的指导，而且扎根于中华大地，蕴含着中华文明文化深厚养分的滋润。也就是说，我们的道路是植根于本民族固有的内在属性和文化特征之中的，富于历史渊源和文明底蕴，因而具备了充分的合理性和可持续性。

文明立世，文化兴邦。道路选择与一个国家的文化基础之间存在着密切的关联。2013年8月，习近平总书记在全国宣传思想工作会议上首次从文化的角度提出了四个"讲清楚"，其中第一点就是"要讲清楚每个国家和民族的历史传统、文化积淀、基本国情不同，其发展道路必然有着自己的特色"[1]。后面几个"讲清楚"虽然没有直接从"道路"的角度展开，但都诠释了中华文化，尤其是中华优秀传统文化与当代中国发展建设实践之间的关联，因而总体构成了理解中华优秀传统文化与中国特色社会主义道路之间关联较全的方位、较广的视野。2021

---

[1]《习近平谈治国理政》第一卷，北京：外文出版社，2018年，第155页。

年3月，习近平总书记在福建武夷山朱熹园考察期间感慨："如果没有中华五千年文明，哪里有什么中国特色？如果不是中国特色，哪有我们今天这么成功的中国特色社会主义道路？"[1] 2022年10月，习近平总书记在参加党的二十大广西代表团讨论时指出："中国走上这条道路，跟中国文化密不可分。我们走的中国特色社会主义道路，它内在的基因密码就在这里，有中华优秀传统文化这个基因。"[2] 这些都充分表明习近平总书记极为重视强调中华优秀传统文化之于中国特色社会主义道路的重要意义。

因而，习近平总书记在2023年6月的文化传承发展座谈会上指出"第二个结合"形成新文化形态时，紧随其后就提及筑牢道路根基的问题。"中国特色社会主义道路是在马克思主义指导下走出来的，也是从五千多年中华文明史中走出来的"[3]，这条道路既合乎马克思主义基本原理，又蕴含着中华优秀传统文化的独特基因，是科学社会主义的理论逻辑和中国社会发展的历史逻辑实现辩证统一后的产物。这条道路与中华优秀传统文化之间的关系同样是辩证统一的：一方面，前者能够不断激发出后者的生机与活力；另一方面，后者也能为前者提供智慧和力量，促使后者在获得广泛的现实基础的同时，也具备了深厚的历史渊源。由此，习近平总书记作出了"'第二个结合'让中国特色社会主

---

[1]《习近平谈治国理政》第四卷，北京：外文出版社，2022年，第315页。
[2]《"就是要理直气壮、很自豪地去做这件事"（微镜头·习近平总书记参加党的二十大广西代表团讨论）》，《人民日报》2022年10月19日。
[3] 习近平：《在文化传承发展座谈会上的讲话》，北京：人民出版社，2023年，第7页。

义道路有了更加宏阔深远的历史纵深，拓展了中国特色社会主义道路的文化根基"[1]这一重要论断。

"中国文化中朴素的社会主义元素也提供了中国接受马克思主义的文化基础"[2]，这便回答了"为什么中国能够接受社会主义道路"这一问题。从具体内容来看，党的二十大报告已经深刻指出，中华优秀传统文化之中"蕴含的天下为公、民为邦本、为政以德、革故鼎新、任人唯贤、天人合一、自强不息、厚德载物、讲信修睦、亲仁善邻等，是中国人民在长期生产生活中积累的宇宙观、天下观、社会观、道德观的重要体现，同科学社会主义价值观主张具有高度契合性"[3]。从总体布局来看，坚持和发展中国特色社会主义，强调不断推动物质文明、政治文明、精神文明、社会文明、生态文明"五位一体"协调发展，相应方面都与中华优秀传统文化中的智慧有密切关联：义利兼顾的经济伦理呼应着建设社会主义市场经济，社稷为民的民本思想呼应着建设社会主义民主政治，厚德载物的精神追求呼应着建设社会主义先进文化，扶贫济困的价值追求呼应着建设社会主义和谐社会，天人合一的生态理念呼应着建设社会主义生态文明。从价值旨归来看，中国特色社会主义指向共产主义终极目标，后者以消除了剥

---

[1] 习近平：《在文化传承发展座谈会上的讲话》，北京：人民出版社，2023年，第7页。
[2] 习近平：《在文化传承发展座谈会上的讲话》，北京：人民出版社，2023年，第7页。
[3] 习近平：《高举中国特色社会主义伟大旗帜　为全面建设社会主义现代化国家而团结奋斗——在中国共产党第二十次全国代表大会上的报告》，北京：人民出版社，2022年，第18页。

削、人与人之间保持平等关系、真正实现了每个人自由而全面发展等方面为具体表征,这就与中华优秀传统文化中"大道之行也,天下为公"的大同理想、"等贵贱,均贫富""损有余而补不足"的平等观念等方面高度契合。中国特色社会主义道路深深植根于中华大地,真正是从中华文明史中走来的,也因此具备了强大的生命力。

"中华文明历经数千年而绵延不绝、迭遭忧患而经久不衰,这是人类文明的奇迹,也是我们自信的底气。"[1]在依托"第二个结合"实现马克思主义与中华优秀传统文化互相成就的背景下,中国共产党立足于中华民族伟大的历史实践和恢宏的当代实践,实现了在坚定马克思主义信仰并予以践行的同时,不断明确"今天的中国是历史的中国的一个发展"[2],重视弘扬中华优秀传统文化,深掘中华文明的精华并将其与马克思主义立场观点方法结合起来。这促使我们对马克思主义的信仰、对中国特色社会主义的信念、对实现中华民族伟大复兴中国梦的信心得以更好地与中华民族的悠久历史文化形成有机联系,民族血脉、文明底蕴与中国特色社会主义道路也由此紧密相关。这条由中国共产党带领中国人民历经千辛万苦、千难万险探索而出,浸润着古老中华民族独到理念和深厚智慧的强国之路和富民之路,必将成为民族复兴的必由之路和光明大道,越走越宽广。由此,我们便更加具

---

[1] 习近平:《在文化传承发展座谈会上的讲话》,北京:人民出版社,2023年,第10页。
[2]《毛泽东选集》第二卷,北京:人民出版社,1991年,第534页。

备"走自己的路"的信心和底气。

其次,在互相成就中打开了创新空间。"创新是一个民族进步的灵魂,是一个国家兴旺发达的不竭动力,也是中华民族最深沉的民族禀赋。在激烈的国际竞争中,惟创新者进,惟创新者强,惟创新者胜。"[1]在"两个大局"交汇的背景下,无论是从避免民族复兴事业中断或迟滞的角度来说,还是从更好地应对国际竞争的角度来说,推进创新都属于中国发展前进过程中的必然之举。"应对共同挑战、迈向美好未来,既需要经济科技力量,也需要文化文明力量。"[2]创新的驱动力也绝对不局限于科学技术,文化文明作为一种深沉持久的精神资源,在推进理论创新和实践创新的过程中也定然具备其独特的价值意蕴。

"文化引领时代风气之先,是最需要创新的领域。"[3]中华优秀传统文化在当代中国依然焕发出夺目光彩,历久弥新,但从本质上来说,毕竟属于封建社会形态、小农经济土壤中的精神产物,虽然其价值内核仍然值得我们珍视,但是在表达形式、意涵指向等方面存在着时代局限性,亟待我们通过结合当今时代要求为其注入创新活力的方式予以破除。在党的十九大上,习近平总书记明确指出:"深入挖掘中华优秀传统文化蕴含的思想观念、人文精神、道德规范,结合时代要求继承创新,让中华文化展现

---

[1]《习近平谈治国理政》第一卷,北京:外文出版社,2018年,第59页。
[2]《习近平谈治国理政》第三卷,北京:外文出版社,2020年,第465页。
[3]《十七大以来重要文献选编(下)》,北京:中央文献出版社,2013年,第545页。

出永久魅力和时代风采。"[1]并且，中华优秀传统文化本身也强调"返本开新""固本开新"，由此与中国共产党的"一切从实际出发，理论联系实际，实事求是，在实践中检验真理和发展真理"这一思想路线相联系相贯通，有助于更好地实现"以古人之规矩，开自己之生面"。

马克思主义从来不是固定不变的理论，更不是封闭僵化的教条，同样天然具有创新发展的内在要求。作为一种基于充分汲取人类文明发展成果而形成、致力于解放全人类的科学思想体系，马克思主义虽然最初诞生于欧洲大陆，其理论视野却广泛延展至全世界。因此，马克思主义必须在具体环境中伴随着人类文明和社会实践的发展而发展，保持开放化状态，同各国的具体实践和历史文化特征结合起来，不断实现理论创新。并且，马克思主义的实践立场也进一步彰显了推进理论创新的要求："哲学家们只是用不同的方式解释世界，问题在于改变世界。"[2]能够真正指导解决实践中遇到的实际问题、推动实践前行的，必定是与时俱进、经由自身的革新进而彰显现实意蕴的理论，绝对不是一成不变的陈规成说。在新时代治国理政的实践进程中，中国共产党不断致力于"以更加积极的历史担当和创造精神为发展马

---

[1]《习近平关于社会主义精神文明建设论述摘编》，北京：中央文献出版社，2022年，第122页。
[2]《马克思恩格斯文集》第一卷，北京：人民出版社，2009年，第502页。

克思主义作出新的贡献"[1]。习近平总书记明确提出,"使马克思主义呈现出更多中国特色、中国风格、中国气派"[2],指明了理论创新的方向。党的二十大报告再次突出强调:"只有植根本国、本民族历史文化沃土,马克思主义真理之树才能根深叶茂。"[3]由此,新时代中国共产党人有效避免了在对待马克思主义的问题上陷入刻舟求剑、封闭僵化、照抄照搬、食洋不化等认识和实践误区。

"第二个结合"是重要的创新。习近平总书记指出:"'结合'不是'拼盘',不是简单的'物理反应',而是深刻的'化学反应',造就了一个有机统一的新的文化生命体。"[4]其结果便是"让马克思主义成为中国的,中华优秀传统文化成为现代的"[5],既用中华优秀传统文化不断丰富马克思主义的内容和形式,又切实构筑中华文化的新气象、激发中华文明的新活力。新华社国家高端智库在《改变中国的"第二个结合"》智库报告中将"第二个结合"的丰富内涵与生动实践系统归纳为六个方

---

[1] 习近平:《高举中国特色社会主义伟大旗帜　为全面建设社会主义现代化国家而团结奋斗——在中国共产党第二十次全国代表大会上的报告》,北京:人民出版社,2022年,第19页。

[2]《习近平关于社会主义精神文明建设论述摘编》,北京:中央文献出版社,2022年,第62页。

[3] 习近平:《高举中国特色社会主义伟大旗帜　为全面建设社会主义现代化国家而团结奋斗——在中国共产党第二十次全国代表大会上的报告》,北京:人民出版社,2022年,第18页。

[4] 习近平:《在文化传承发展座谈会上的讲话》,北京:人民出版社,2023年,第6页。

[5] 习近平:《在文化传承发展座谈会上的讲话》,北京:人民出版社,2023年,第6页。

面，从中便可以对其所实现的创新形成全面认识：信仰信念与千年理想的有机结合、制度成熟定型与礼乐文明的有机结合、发展思想与民本思想的有机结合、核心价值观与传统价值取向的有机结合、社会主义先进文化与中华优秀传统文化的有机结合、命运与共与协和万邦的有机结合。

"第二个结合"正处于进行时，面向未来的空间无比广阔。习近平总书记指出："'第二个结合'是又一次的思想解放，让我们能够在更广阔的文化空间中，充分运用中华优秀传统文化的宝贵资源，探索面向未来的理论和制度创新。"[1]历史经验告诉我们，任何一次思想解放必然伴随着巨大创造力的释放，这对于适应时代环境、推动难题破解、促进社会发展和实现文明进步等方面往往起着颇为有力的作用。"第二个结合"充分应用中华优秀传统文化中的精华元素和宝贵资源，既是实现中华优秀传统文化的创造性转化和创新性发展，从而创造了人类文明新形态，一定程度上推进了人类文明发展进程；也是实现马克思主义中国化时代化，不断推进朝着人类理想社会迈进的步伐。这两者统摄于人类社会的高远理想，加之结合过程在强调从本国本民族实际出发的同时，也突出要求以海纳百川的宽广博大胸怀借鉴和吸收人类社会一切优秀的文明成果，讲求兼收并蓄，因而在"不忘本来""吸收外来""面向未来"三者的有机统一中具备了宏大的胸怀、宽广的气度和高远的格局，所打开的创新空

---

[1]习近平：《在文化传承发展座谈会上的讲话》，北京：人民出版社，2023年，第8页。

间可见一斑。

最后，在互相成就中巩固了中华文化主体性。所谓文化主体性，指的是一个国家、一个民族的文化所具备的质的规定性，它从根本上构成了文化独特性的内在依据，具体可以表现为文化发展的自觉性、主动性、独立性和创造性等多方面。对一个国家和民族而言，文化主体性的地位和作用应当得到突出。只有具备了文化主体性，才会有文化意义上坚定的自我，避免沦为文化上的附庸；才会形成文化自信的根本依托，避免重新陷入文化自卑情结之中；才会形成引领时代前行的强大文化力量，避免各种文化乱象引发前行过程中的迷失；才会促使人民具备坚实的国家认同基础，避免凝聚力、向心力的低下乃至缺失……

"第二个结合"命题及其所蕴含的互相成就的逻辑，表明我们党在领导文化建设、巩固文化主体性这个问题上进入了一个更加自觉的状态。这是因为互相成就是以中华优秀传统文化为理论创新"根脉"作基础的，中国共产党矢志从更新的高度认识中国道路、理论和制度等相关问题，力求在创造新文化形态的过程中继续保持历史自信、文化自信，继续自觉地推进文化创新，促使文化主体性得到更加坚实的巩固。在这一过程中，必须坚持以科学的态度辨识和运用中华优秀传统文化，整体地关注和扬弃中国传统文化。其背后的原因在于，作为封建社会的小农经济土壤中生长出来的一种文化形态，中国传统文化在形成和发展的过程中，自然不可避免地受到当时客观存在的一些局限性的影响和制约，不可避免地存在一些陈旧、落后和过时的元素。推进"第二个结合"的过程，将会有助于中国共产党通过学习、研究和运用，"把优秀传统文化的精神标识提炼出来、展示出来，把优秀传统文化中具有当代价值、世界意义的文化精髓提炼出来、展示出来"[1]，促使中国传统文化经历扬弃过程，确保中华优秀传统文化始终能够焕发超越时空的影响力，这将会在更深层次、更广意义上巩固文化主体性。

"创立新时代中国特色社会主义思想就是这一文化主体性的最有力体现。"[2]一方面，作为当代中国马克思主义、二十一世纪马克思主义，习近平新时代中国特色社会主义思想是马克思主义中国化时代化的最新成果，促使马克思主义在当代中国茁壮成长并焕发出蓬勃生机、展现出巨大活力；另一方面，作为中华文化和中国精神的时代精华，习近平新时代中国特色社会主义思想紧贴时代的脉搏，实现了对中华优秀传统文化的传承和创新，将传统文化中的精华成分转化为科学理论所内含的思想伟力，促使中华优秀传统文化为马克思主义所激活，进而展现出丰富的时代内涵和更新更持久的生命力，实现了具有超越性意义的时代蝶变。马克思主义理论智慧和中华优秀传统文化智慧在此交融，共同推动了治国理政实践进程，开创了治国理政全新境界，谱写了治国理政的新篇章。因此，创立习近平新时代中国特色社会主义思

---

[1]《习近平关于社会主义精神文明建设论述摘编》，北京：中央文献出版社，2022年，第225页。

[2] 习近平：《在文化传承发展座谈会上的讲话》，北京：人民出版社，2023年，第9页。

想本身就是在"两个结合"中实现马克思主义与中华优秀传统文化互相成就的具体表现,是一种巩固文化主体性的典范和最有力体现。

正是因为内含了巩固中华文化主体性的逻辑,习近平新时代中国特色社会主义思想才得以成为中华文化和中国精神的时代精华。一方面,习近平新时代中国特色社会主义思想充分汲取了中华优秀传统文化中的思想精髓,同时也自觉弘扬了革命文化和社会主义先进文化,在提出和阐发一系列原创性治国理政新理念新思想新战略的过程中,带有鲜明的中华文化印记,可以说在回顾历史、立足当下、放眼未来相统一的过程中,充分体现了自身与中华文化的密切关联。另一方面,习近平新时代中国特色社会主义思想着眼于全面建成社会主义现代化强国、实现中华民族伟大复兴的时代命题,传递和反映了中华民族自古以来的深刻梦想和不竭追求,从新时代的视角出发展现出中国人独有的文化思维和精神气韵,同时也呈现了中国精神的基本表征和内在品质。在当前世界百年未有之大变局加速演进的背景下,本国本民族的文化和文明如何能更好地立足?未来又将去向何方,需要跨越什么样的发展关口?这成为许多人心中难以绕开的疑惑。习近平新时代中国特色社会主义思想由"两个结合"孕育而出,充分重视了中华优秀传统文化的价值。这代表着对西方中心主义思想禁锢的冲破,也意味着避免为历史虚无主义、文化虚无主义等错误思潮的迷雾所蒙蔽,同时还表明对于中华文化文明的认识不能停留于浅表层面,而是要真正彰显其历史穿透力、文化感染力和精神感召力。放眼未来，在新时代新征程上，认真学习领会习近平新时代中国特色社会主义思想的精髓，继续开辟马克思主义和中华优秀传统文化相结合的新境界，是我们以中国式现代化全面推进强国建设、民族复兴伟业的必然要求，中华文化主体性也必将基于此得到进一步巩固。

展望未来，新时代新征程上，我们巩固文化主体性、铸就中华文化新辉煌，同样需要依托马克思主义与中华优秀传统文化的互相成就。这一点并不能躺在中华文明曾经的辉煌功劳簿上"吃老本"来实现，而是需要更好地吸纳时代精华，不断丰富中华文明的内涵，促使其与时偕行，这便要求我们保持意气风发、昂扬向上的精神风貌。彰显中华文化主体性意涵，应当首先突出鲜明的民族特色，从中华优秀传统文化的肥沃土壤中出发。与此同时，鉴于中华文明历来善于在同其他文明交流互鉴中焕发新的生机，中华文化历来善于在与多元文化的交融互通中凝聚共同文化，所以我们还必须借鉴和吸收人类一切优秀文明成果，坚持自信自觉，在保持源远流长的历史滋养所带来的主体性的同时，促使主体性不断发展壮大。最终，中华文明定然能更加遵循人类文明发展的普遍规律，代表人类文明进步的方向。这将意味着我们在创造经济社会发展奇迹的同时，创造了文化与文明建设的奇迹。

"贯通"与"融通"是马克思主义同中华优秀传统文化相结合从而互相成就的具体方式，也是在此基础上巩固文化主体性的内在机制。党的二十大报告指出:"把马克思主义思想精髓同中华优秀传统文化精华贯通起来、同人民群众日用而不觉的共同价值观念融通起来"[1]。把马克思主义思想精髓同中华优秀传统文化精华贯通起来,意味着遵循马克思主义基本原理,激活中国传统的经史子集、典章文物,对其中所蕴藏的思想资源予以深度挖掘,对其内容要义予以深度阐发,同时对照时代要求赋予其新的内涵与表达形式。把马克思主义同人民群众日用而不觉的共同价值观念融通起来,意味着在坚持以马克思主义理论为指导这一根本要求的基础之上,将那些对中国人的日常生活起支配性作用的价值观念予以充分挖掘、揭示和呈现。这些价值观念往往以隐藏至深、难以为人所感的形式,内含于人们日常的风俗习惯、生活方式和行为倾向之中,虽然不易被察觉但已经被充分接受和内化,历经岁月的流转和时光的磨砺,不断积淀传承且越发具有魅力。所以,在统筹把握中华民族伟大复兴战略全局和世界百年未有之大变局的时代背景下,突出强调以"第二个结合"深度推进马克思主义基本原理同中华文明的突出特性实现内在贯通和相互融通,激发中华优秀传统文化的内在活力,必将展现更加强大的真理力量和实践伟力,造就更具生机和活力的新的文化形态,这无疑在更大程度上彰显和巩固了文化主体性。

---

[1] 习近平:《高举中国特色社会主义伟大旗帜 为全面建设社会主义现代化国家而团结奋斗——在中国共产党第二十次全国代表大会上的报告》,北京:人民出版社,2022年,第18页。

第五章

—

经由结合而生的是怎样的"新的文化生命体"?

习近平总书记在文化传承发展座谈会上指出："'结合'不是'拼盘'，不是简单的'物理反应'，而是深刻的'化学反应'，造就了一个有机统一的新的文化生命体。"[1]在坚守好马克思主义"魂脉"与中华优秀传统文化"根脉"的基础上，我们党把马克思主义思想精髓同中华优秀传统文化精华贯通起来，用马克思主义的真理之光激活了中华文明的优秀基因并不断赋予其新的时代内涵，将中华民族千百年来淬炼而成的价值理念、精神智慧融汇于马克思主义中国化时代化发展之中，让马克思主义成为中国的，中华优秀传统文化成为现代的，让经由"结合"而生的新的文化生命体呈现出无限的生机与活力。

马克思在揭示意识形态的真正本质时说道："如果在全部意识形态中，人们和他们的关系就像在照相机中一样是倒立成像的，那么这种现象也是从人们生活的历史过程中产生的"[2]。这一论述启示我们，理解新的文化生命体需要立足我国现实国情，从历史性的实践过程出发。处在民族复兴关键时期的当代中国正在经历有史以来最为广泛而深刻的社会变革，正在推进中国式现代化这一人类历史上非常宏大而独特的实践创新，新的文化生命体正是在党领导人民推进的中国式现代化伟大实践中逐步形成的。因此，新的文化生命体充分象征着中国式现代化的文化形态，体现了中国式现代化在不断创造新的现代化文明成果的过程

---

[1] 习近平：《在文化传承发展座谈会上的讲话》，北京：人民出版社，2023年，第6页。
[2]《马克思恩格斯文集》第一卷，北京：人民出版社，2009年，第525页。

中对现代化发展迷思的求解。同时，新的文化生命体并未把中国大地上的传统与现代割裂开来，而是以中华文明为深厚根基，从中华优秀传统文化中汲取了丰富养分，在传统与现代的相互作用、深度融合中孕育而生。在此意义上，新的文化生命体蕴含着中华文明从传统到现代的转型意义，体现了中华文明的生命更新过程及其特征。随着中国式现代化的深入推进，新的文化生命体仍将不断发展、不断丰富，展现无限的生机与活力。我们不能仅仅从民族性层面上认识这一新的文化生命体，还要将其置于"历史向世界历史转变"的人类发展高度来把握，揭示其面向世界、面向未来的文明意义。

一

破解现代化的发展迷思

"文化是一种创造，是现实的人面对现实需要的一种创造。"[1] 文化生命体本质上是人的类本质的对象化，文化生命体的发展始终展现着现实的人通过历史实践探寻人的本质的过程。而今，党领导人民推进的中国式现代化伟大实践为新的文化生命体的形成与发展提供了不竭动力和现实路径。也正是在党领导

---

[1] 陈先达：《文化自信与中华民族伟大复兴》，北京：人民出版社，2017年，第77页。

人民走出的这条强国建设、民族复兴的光明道路上，新的文化生命体不断发展壮大。可以说，在中国式现代化伟大实践中绽开的新的文化生命体，为读懂中国式现代化创造的文明图景提供了生动的注脚。

当世界历史进入近代以后，从传统向现代转变成为人类社会发展的大趋势，不断实现现代化也成为世界各国发展的普遍追求。18世纪60年代，从英国兴起的工业革命，掀起机器化大生产的浪潮，创造出巨大的物质财富，也加速了现代化发展的进程。在这一进程中，人的生存条件与生产生活方式也开始向着文明开化的现代趋势转变。从工业革命到现在，在短短的二三百年时间内，人类创造出来的财富已经远远超过了此前数千年人类财富的总和，现代化的驱动力深刻地影响着世界发展的整体格局与趋势，也深刻地改变着人类社会的文明风貌。毋庸讳言，从人类现代化发展的历程来看，由于工业革命最早发端于西方世界，作为现代化发展根本动力的现代社会生产力以及展现现代化发展显著成效的现代文明成果也最先出现在西方国家。并且，这些西方国家凭借现代社会生产力创造的巨大物质财富率先走上了发达之路，对其他国家和地区探索从传统向现代变革的发展道路产生广泛的吸引力，也引发了许多国家争相效仿。加之，许多西方学者在政治因素的主导下建构了较为系统的现代化理论话语体系，并以所谓普适性的现代化模式向其他国家和地区，特别是广大发展中国家推销，影响着人们对于现代化发展的认知判断。于是，久而久之便衍生出"现代化＝西方化""除了资本主义，别无选择"等将西方现代化模式视为普遍现代化模式的发展迷思。不难发现，"现代化＝西方化"的发展迷思本质上是构建了西方资本主义文明形态的理论表达，是资本主义这一特殊的文明发展形式赋魅于一般的人类文明发展形式的结果。中国共产党领导人民探索出的中国式现代化道路，将中华优秀传统文化与现代化需求相结合，孕育了新的文化生命体，呈现了中国式现代化区别于更超越于西方资本主义现代化的新的文明意蕴，展现出中国式现代化对现代化发展迷思的重大突破。

现代化发展迷思的一个主要方面是经济中心主义，即将经济增长作为衡量现代化发展成就的根本标准。这种以物质增长为核心的发展观忽视了人的全面发展，导致了严重的社会问题，例如贫富差距扩大、社会不平等加剧以及对人的精神需求的忽视。在西方资本主义主导的现代化进程中，经济发展与社会公正、生态保护、文化传承等方面的关系往往被割裂开来，这导致现代化带来的除了物质上的繁荣发展，还有社会、环境、人文等方面的重重危机。马克思早在讨论"卡夫丁峡谷"问题时就指出，资本主义的现代化虽然带来社会生产力的飞跃，但同时也导致社会矛盾加剧，特别是在东方国家，复制西方资本主义的现代化道路只会加重贫富不均、社会分裂等问题。因此，马克思主张，东方国家应走一条不同于西方的文明发展道路，通过合理调整生产关系和社会制度，尽可能减少资本主义制度所带来的痛苦，实现社会进步与人民福祉的最大化。习近平总书记进一步阐明了这一点，指出"一切成功发展振兴的民族，都是找到了适合自己实际的道路的民族"[1]。每个国家必须根据自身的历史文化、社会结构和经济基础来制定现代化之路，而不能盲目照搬西方的现代化模式。

新的文化生命体体现了中国式现代化开辟的这条新的现代化之路，强调全体人民的共同富裕和人的自由全面发展，这在物质文明与精神文明之间、社会公平和经济发展之间，重新构建了一种有机的平衡关系，使之从西方现代化的经济中心主义迷思中挣脱了出来。具体来看，中国式现代化摒弃了单一的经济增长至上的观念，取而代之的是更加注重人的价值和社会整体的协调发展。路线方针政策不断优化调整，贫富差距不断缩小，民生实际不断改善，推动实现社会公平正义，使现代化的发展成果真正惠及全体人民，而不是少数特权阶层。同时，中国式现代化强调精神文明建设的重要性，不仅关注社会物质财富的积累，还注重社会成员的精神需求和文化自觉。通过不断提升社会成员的文化素养、道德水平，增进全社会的文化认同与价值共识，为构建和谐社会奠定了牢固的精神文明基础。更为重要的是，中国式现代化的存在本身就是对现代化概念的重新定义，"现代化"不再仅仅是经济增长和物质繁荣的代名词，而是更加注重社会的整体进步和人的自我实现，强调现代化应该坚持人民至上，服务于人的全面发展，而非追求资本至上、金钱至上。

---

[1] 习近平：《在纪念孙中山先生诞辰150周年大会上的讲话》，北京：人民出版社，2016年，第5页。

现代化发展迷思的另一个重要方面是思想文化的同质化。在近代，西方国家就将资本主义文化视为衡量人类思想文化的标准，并通过殖民扩张和经济侵略将其传播到世界其他国家和地区，形成所谓的"优越文化"与"落后文化"的对立框架。到了现代，随着全球化的加速发展，西方国家主导的资本主义意识形态以及其所推崇的价值观通过文化输出的形式不断被强加于世界其他国家和地区，形成强大的文化霸权。这种文化霸权试图将全世界范围内的不同文化纳入以西方标准为中心的文化发展框架中，忽视了其他文化体系的独特性价值，导致许多具有本土特色的文化逐渐被边缘化。同时，许多国家和民族在面对西方文化的强势输出时，难以保持对自身文化的自信，导致文化认同危机与文化表达贫乏，甚至在全球化进程中逐步丧失了独立的文化身份。因此，如果过度依赖西方现代化的发展模式，其思想文化的同质化属性不仅会威胁到不同文化的独特性，也会破坏世界文化的多样性和丰富性，让世界文明的可持续发展面临严峻挑战。

新的文化生命体体现了中国式现代化所呈现的文化形态，以一种全新的文化发展形式成功破解了这一全球性的思想文化同质化困境，因为中国式现代化并不是简单继承中华文化的过去模式，也不是对西方文化的简单模仿或翻版，而是通过"两个结合"的创新发展，形成了一种既传承中华优秀传统文化又适应现代化需求的充满活力的文化形态，为世界文化的多样性和良性发展注入了新的动力。马克思早就揭示过这样的事实："当我们把目光从资产阶级文明的故乡转向殖民地的时候，资产阶级文明的极端伪善和它的野蛮本性就赤裸裸地呈现在我们面前。"[1]西方资本主义文化并不具有绝对优越性，对于世界其他国家和地区的文化也不能按照西方文化的标准来进行优劣评判。每一种文化都有其独特的历史背景与发展逻辑，世界文化的多样性也并不是文化冲突的根源，而是推动人类文明进步的精神动力。中国式现代化的形成过程，既尊重世界文化的多样性，也遵循各国文化发展的独立性与自主性，强调文化之间的平等对话与交流互鉴，拒绝将任何一种文化模式视为唯一的标准，向世界各国展示了一种现代化发展与文化多样性并存的可能性。

现代化发展迷思还表现在把人与自然的关系分离开来进行对待，将人类置于自然之上。在工业革命之前的人类文明发展中，由于人类社会生产力水平普遍低下，人们的生产生活实践对于自然界的影响是较为有限的。随着工业革命的到来，西方国家在现代化进程中通过大力发展工业化，实现了社会物质生产的飞速发展，也使得人类活动对自然界的影响越来越大，深刻改变了人类与自然界的关系。由于以资本至上为最高追求，在资本逐利本性的驱使下，西方国家主导的这种现代化打破了人类对自然界所保持的崇敬和敬畏之心，即从尊重自然、敬畏自然转向了征服自然、改变自然、破坏自然，自然界被异化为服务于资本增殖的工具性存在物。人们不仅把自然界视为取之不尽用之不竭的"原料库"，也把自然界当作可以肆意倾倒废料的"垃圾桶"。

---

[1]《马克思恩格斯文集》第二卷，北京：人民出版社，2009年，第690页。

这种"自然外部化"的现代化发展逻辑，将自然界视为纯粹的工具，将人与自然的关系异化为单向的索取和使用关系，完全割裂了人与自然的内在联系。随着工业文明的深入发展，人类的生产生活实践与自然界建立起更为广泛、更加密切的联系。西方国家在加速推进工业化的进程中，疯狂地追求效率优先、利益至上，无度地开发利用自然资源和排放污染物，对地球生态系统造成巨大破坏，也引发了全球性的生态危机，气候变化、土地荒漠化、森林退化等问题日益成为人类可持续发展的巨大威胁。

新的文化生命体体现了中国式现代化将人与自然视为有机统一生命共同体的理念，以人与自然的和谐共生为本质要求，形成了一种具有重构人与自然关系意蕴的绿色现代化之路，实现了对割裂人与自然关系的西方现代化之路的超越。马克思和恩格斯在反思西方现代化的反生态性问题时就曾指出：人类并不是凌驾于自然界之上的存在物，"我们连同我们的肉、血和头脑都是属于自然界和存在于自然界之中的"[1]。人类依赖自然界而存在，是自然界的组成部分，人类的生产生活实践受制于自然界存在的客观规律。尊重自然、敬畏自然，与自然和谐相处，是人类存在的必要前提，也是人类发展的基本遵循。中华优秀传统文化也强调"天人合一""万物并育"的理念，认为人并非自然界的主宰，人与自然万物是相互联系的整体，人的行为规范应当遵照天地运行的内在秩序。因此，在"两个结合"下形成的中国式现

---

[1]《马克思恩格斯选集》第三卷，北京：人民出版社，2012年，第998页。

代化，走出了一条生产发展、生态良好和生活幸福相协调的新型现代化道路，诠释着"人与自然是生命共同体"的新文化理念，也展现着人与自然和谐共生的新文化景象。

从开启现代化之路到探索出中国式现代化新路，我们用几十年时间走完了发达国家几百年的发展历程，成功实现了全面建成小康社会的目标，创造了经济快速发展和社会长期稳定的两大奇迹，踏上了强国建设、民族复兴的康庄大道。新的文化生命体充分体现了中国式现代化对经济发展与社会和谐、文化传承与文化创新、人类社会与自然界等现代化发展不同方面的全新探索与深刻变革。这不仅为世界现代化的发展大势注入新的活力和新的智慧，更是对世界现代化发展理论与实践的重新塑造，从而为规避西方现代化的发展病症、打破西方现代化的发展迷思提供了全新的、有效的方案选择。

二

呈现中华文明的生命更新

从文化哲学的视角来看，人的存在本质上是一种文化性的存在，孕育文化、发展文化和呈现文化是人的存在的内在规定。对一个民族来说，亦是如此。在漫长的历史演进中形成的文化生命体，是一个民族存在和发展的真实写照，彰显着一个民族安身立命的精神血脉。经由结合而生的新的文化生命体，在一定意义上是中华民族在新的历史条件下发展出的文化形态，生动擘画了中华文明的生命更新过程。

中华民族是世界上伟大的民族，由中华民族创造出的中华文明是世界上唯一绵延不断且以国家形态发展至今的伟大文明，是革故鼎新、辉光日新的文明。然而，近代的中国逐步沦为半殖民地半封建社会。面对当时国家蒙辱、人民蒙难、文明蒙尘的困境，一些人对中华传统文化采取全盘否定的态度，将传统与现代割裂开来、对立起来。这种历史虚无主义和文化虚无主义的主张和做法，不利于当时国人对现代化道路的探索，也导致了中华文明的优秀基因沉寂于传统与现代是否应该结合、能否结合的论争之中。直到马克思主义传入中国，在马克思主义指导下成立了中国共产党，中华民族才彻底改变了一盘散沙、任人欺凌的历史命运。马克思主义深刻揭示了自然界、人类社会、人类思维发展的普遍规律，照亮了中华民族探索历史规律和寻求自身解放的道路。马克思主义也以其科学的理论体系增强了中华民族的精神力量，以真理之光激活了中华文明的基因，推动中华文明实现了从传统向现代的转型。

从一般意义上来看，文化生命体是把文化看作充满生命力的有机系统，强调文化的整体性、协同性、连续性以及开放性，反对把文化视作僵硬的、孤立的乃至附属于其他对象而存在的非生命体。文化生命体的发展不是完全否定旧的生命体，而是不断地剔除旧的生命体中的糟粕，不断地发扬旧的生命体中的优秀因子。因此,"创造性转化、创新性发展"既是传承和弘扬中华优秀传统文化的根本遵循和指导方针,也是中华民族不断推动中华文明实现生命更新的内在机理。站在实现中华民族伟大复兴的战略高度,我们党带领人民对中华优秀传统文化进行创造性转化和创新性发展,深刻认识了中华文化的价值智慧,充分发掘了中华优秀传统文化的资源宝库,又将不同历史时期的思想精华融汇于中华文化之中,特别是把当代中国在推进中国式现代化进程中创造的文明新成果融汇其中。一方面,按照时代发展的特点和要求,对中华传统文化至今仍有借鉴价值的内涵和陈旧的表现形式加以改造,不断赋予其新的时代内涵和现代表达形式,激活其生命力。另一方面,按照时代的新进步新成就,对中华优秀传统文化的内涵加以拓展和丰富,不断增强其影响力和感召力。可以说,通过创造性转化和创新性发展,我们党带领人民在新的历史条件下使中华民族最基本的文化基因同当代中国相适应、同现代社会相协调、同现实文化相融通,把跨越时空、超越国界、富有永恒魅力的中华文化弘扬起来,引领中国走进现代世界,让中华文明以一种新的文化生命体形式呈现在世人面前。

其一,新的文化生命体彰显着我们党对中华民族文化主体性的矢志坚守。随着中国特色社会主义进入新时代,中华民族在新的历史条件下取得举世瞩目的文明成就,中华民族伟大复兴进入不可逆转的历史进程。面对新时代所取得的历史性成就和发生的历史性变革,习近平总书记强调:"中国共产党人不是历史虚无主义者，也不是文化虚无主义者。"[1]正如前文所述，近代中国落后挨打的历史境遇让国人对传统文化逐渐失去信心，也让国人在各种思想主义的论战中对传统文化的认识越来越偏激，不断地弱化文化认同感，部分接受新式教育的知识分子甚至形成了与传统文化彻底决裂的激进立场。这一现象一定程度上反映了近代国人的文化自卑心理，缺乏对本民族文化的主体性认同。中国共产党带领人民在中国大地上形成的新的文化生命体，其实是重新建立起中华民族的文化主体性，让人民有了民族认同和国家认同的文化自信之基。特别是党的十八大以来，以习近平同志为主要代表的中国共产党人坚持用历史唯物主义的立场观点方法认识中华民族发展历史，传承发展中华优秀传统文化，深入推进中华文明探源工程，系统研究中华文明的历史脉络、发展特质和呈现形态等重大问题，为重塑中华民族文化主体性寻找到源头活水，也充分增强了人民对中华优秀传统文化的自信心和认同感。在文化传承发展座谈会上，习近平总书记从中华民族发展的大历史观出发，深刻阐释了奠基于中华优秀传统文化之上的中华文明的突出特性，将中华优秀传统文化蕴含的精神力量注入对中华民族文化主体性的理解和把握中，为我们党更好地发展新的文化生命体、更好地坚守中华民族文化主体性提供了科学的理论指南。

其二，新的文化生命体彰显着中华文明生生不息、革故鼎新的发展状态。作为世界四大古文明之一，中华文明历尽沧桑而

---

[1]《习近平著作选读》第一卷，北京：人民出版社，2023年，第282页。

薪火相传，为中华民族发展提供了丰厚滋养，也为人类文明进步作出了不可磨灭的贡献。今日之中国是历史之中国的延续与发展，而新的文化生命体象征着中华民族创新发展的智慧结晶，更表明了中华文明一直处在不断更新、不断成长的过程之中。自古以来，中华文明就是在继承创新中不断发展，始终处在动态的文明发展过程。在不同历史时期，我们党在文明创造的重大问题上视野不断拓宽、思维逐渐深化、行动趋于自觉，中华文明被推向新的历史高度。这一文明赓续、文明更新的过程之所以能够不断演进，其根本就在于我们党带领人民在实践探索中始终坚持把马克思主义基本原理同中国具体实际相结合、同中华优秀传统文化相结合。由此，我们党带领人民在中华文明的深厚根基上开辟出中国特色社会主义，使当代中国的发展实践深深植根于中华优秀传统文化，让中华文明焕发出新的蓬勃生机、展现出新的时代风采。特别是在"第二个结合"的推动下，我们党带领人民始终坚定文化自信、历史自信，始终坚持古为今用、推陈出新的原则，努力将马克思主义思想精髓同中华优秀传统文化精华贯通起来、同人民群众日用而不觉的共同价值观念融通起来，不断增强中华文明在现时代的感召力、辐射力、凝聚力，徐徐绘就了中华文明波澜壮阔、历久弥新的历史长卷。习近平总书记指出："中国式现代化是中华民族的旧邦新命，必将推动中华文明重焕荣光。"[1]在中国式现代化道路的探索历程中，我们的优秀传统文化在不断

---

[1] 习近平：《在文化传承发展座谈会上的讲话》，北京：人民出版社，2023年，第7页。

适应时代要求的过程中得以创造性转化和创新性发展，我们的民族在精神上也实现了从被动状态向主动状态的转变，中华文明展现出前所未有的发展盛况。在不断推进的中国式现代化实践创新中，中华文明必将汇聚起强大的发展动力，并在源源不断的现代力量驱动下实现从传统到现代的历史性建构。

其三，新的文化生命体彰显着中华文明的生命更新是一种系统性、整体性的文明变革。从人类文明的普遍含义上理解，人类文明所指称的就不只是经济、政治、文化、社会等人类实践的个别性领域，而是建立在这些个别性领域之上的复合性形态。人类文明的发展演进承载的是这种复合性形态的生成、创造、转型的过程。因此，系统性、整体性是人类文明的本质特征，也是其发展演进的内在要求。新的文化生命体以有机统一的生命体形式，生动地展现了中华文明是由各个领域的实践积淀而成的复合性文明，也形象地体现了中华文明在发展演进中遵循的系统性、整体性原则。中国共产党带领人民走过的革命、建设、改革的百余年历程，也是中国共产党引领中国走进现代世界的文明更新过程。从构想新民主主义的政治、经济和文化的革命目标以及建设"民族的、科学的、大众的文化"的愿景，到提出建设社会主义文化强国，我们党始终遵循文明创造的普遍规律，不仅以先进的政党建设创造和拓展了现代形态的中华民族政治文明，而且以社会主义市场经济建设创造和拓展了现代形态的中华民族物质文明，以社会主义文化强国建设创造和拓展了现代形态的中华民族精神文明，以社会主义和谐社会建设创造和拓展了现代形态的中华民族社会文明，以美丽中国建设创造和拓展了现代形态的中华民族生态文明，从而发展出有机统一的中华文明的现代形态。所以，在生命更新的过程中，中华文明向现代转型不是局限在个别领域或单一层面，而是呈现在由多个领域复合而成的整体层面，在一个新的文化生命体中使中华文明实现系统性、整体性发展。

所以，从中华文明生命更新的过程来看，新的文化生命体蕴蓄着中华文明的深厚底蕴，呈现着中华民族在历史长河中探索和创造的灿烂文化。同时，新的文化生命体体现着中华民族精神命脉的赓续，折射出中华民族生生不息、自我发展的旺盛生命力，也反映了中华文明从传统向现代转型的整体样态。面向强国建设、民族复兴的新征程，新的文化生命体的新发展也必将为中华文明的永续发展提供强大的精神动力，助力中华民族巍然屹立于世界民族之林。

三

彰显人类文明的进步方向

从前文可知，现代化本质上是人类文明的探索与实践，现代化的发展过程本身即人类文明发展形态不断更迭转化的过程。从人类文明发展的高度看，不断推进中国式现代化，事实上是在中国大地上探索并建构一种新的人类文明形态。习近平总书记指出："中国式现代化，深深植根于中华优秀传统文化，体现科学社会主义的先进本质，借鉴吸收一切人类优秀文明成果，代表人类文明进步的发展方向，展现了不同于西方现代化模式的新图景，是一种全新的人类文明形态。"[1]这表明，在探索中国式现代化道路的进程中，我们坚持兼容并蓄、博采众长，学习借鉴了人类文明创造的一切有益成果，形成了中国式现代化的世界观、价值观、历史观、文明观、民主观、生态观，既丰富了人类文明的百花园，更是对人类文明发展路径的全面探索和创新实践。在中国式现代化实践创新的基础上形成的新的文化生命体，作为中国式现代化在文明形态上的形象表达，不仅展现了中华文明发展的独特面貌，更演绎着中国式现代化对人类文明发展的创造性价值和历史性贡献。

在人类发展的历史上，农业文明是人类社会第一个较为稳定的文明形态，以土地和血缘为核心纽带，强调等级制的社会结构和道德秩序。随着工业革命的到来，农业文明逐渐让位于工业文明，社会生产力的解放推动了人类社会的深刻变革。然而，工业文明带来的资本主义发展模式，产生了贫富悬殊、阶级斗争和环境恶化等钳制人类发展的不和谐因素。到20世纪中叶，信息技术革命带来的科技进步虽然推动了社会生产效率的极大提升和全球经济发展的一体化进程，但与此同时，人类面临的文化危

---

[1]《正确理解和大力推进中国式现代化》，《人民日报》2023年2月8日。

机、生态危机、安全危机等问题也日益突出。当前，环顾全球，世界百年未有之大变局加速演进，世界之变、时代之变、历史之变正以前所未有的方式呈现。人类在世界范围内的交往活动比历史上任何时期都更加便利、更加广泛、更加深入，不同国家、不同地区、不同民族之间的联系更加紧密，"你中有我、我中有你"的整体性更加突出，求和平、谋合作、促发展成为人类共同的心声和愿景。但与此同时，人类生存发展面临的风险挑战也不断加剧。从全球层面看，人口发展失衡、地球生态环境失衡、财富分配失衡、数字鸿沟、南北差距等问题变得越来越突出，不同的文化、制度、发展水平等方面的差异、隔阂、分歧甚至矛盾冲突变得更加明显，极端主义和恐怖主义、全球公共卫生安全等事件频频发生，解决和平赤字、发展赤字、安全赤字、治理赤字成为世界性难题。从不同局域看，对西方发达国家而言，资本主义的制度性弊端越来越突出。在此影响下，其内部极化的政治势力不断扩大，民族主义和民粹主义思潮愈演愈烈，社会分裂不断加重，短期激烈冲突甚至局部暴乱时有发生。在这种制度性弊端无法短期内解决甚至不断加剧的情况下，很多发达国家将国内矛盾向外转移，为全球安全和地区事务的解决带来更多的不稳定性。对广大发展中国家而言，在全球经济增长乏力、外部大国政治操弄、地区争端频繁发生等外部因素和自身政治、经济、文化、社会等方面发展存在的内部问题的交织叠加下，进一步拓展发展空间、提升发展水平面临越来越多的阻力。基于这些重大变化，人类发展又一次站在历史的"十字路口"，究竟应该选择怎样的文明形态，各国人民都需要正确的方向指引。

中国式现代化以新的文化生命体形态表明了人类文明发展应当是以人为核心的发展。"现代化的本质是人的现代化"[1]。早在《资本论》中，马克思就批判了资本主义现代化逻辑下人的主体地位被遮蔽的问题，并指出，只有在共产主义社会中人才能完整地、全面地占有自身的主体本质，才能实现自由全面的发展。遵循马克思主义为人类文明发展指明的正确方向，我们党带领人民在推进中国式现代化的过程中，始终着眼于人的现代化，坚守人民立场，坚持一切为了人民、一切依靠人民，坚持人民主体地位，尊重人民首创精神，不断地实现好、维护好、发展好最广大人民根本利益，不断满足人民对美好生活的向往。其一，把人民对美好生活的向往作为中国式现代化的发展目标。我国幅员辽阔、民族众多、人口规模巨大，这既是推进中国式现代化具有的巨大优势，也是推进中国式现代化面临的重大难题。为让全体人民共享改革开放和现代化建设的成果，打造惠及14亿多人口的中国式现代化道路，必须不断满足人民对美好生活的期盼，让全体人民过上好日子。其二，把人民群众作为中国式现代化的主体力量。人民群众作为实践的主体和历史的创造者，蕴藏着无穷的智慧和力量。中国式现代化之路，不是天上掉下来的，更不是别人施舍来的，而是党带领人民用勤劳、智慧和勇气奋斗出来的。如果没有人民群众的主体力量，没有充分发挥人民群

---

[1]《习近平关于城市工作论述摘编》，北京：中央文献出版社，2023年，第98页。

众的积极性、主动性、创造性，中国式现代化不可能取得如此辉煌的成就。其三，把推动全体人民共同富裕作为实现中国式现代化的关键路径。共同富裕是社会主义的本质要求，是中国式现代化的重要特征。从"基本解决温饱""人民生活总体达到小康水平"到"全面建成小康社会"，再到"全体人民共同富裕"，我们党带领人民在探索中国式现代化的进程中，始终注重在社会财富创造和积累的基础上，让现代化发展成果更多更公平地惠及全体人民。推动全体人民共同富裕，坚决防止两极分化，体现了人民至上的共享逻辑。其四，把人民利益作为衡量中国式现代化发展成就的价值标尺。现代化建设的目标能否如期实现，归根结底要看人民的利益需求是否得到有效满足。我们党在推进中国式现代化的过程中，着力解决人民群众最关心、最直接、最现实的利益问题，在幼有所育、学有所教、劳有所得、病有所医、老有所养、住有所居、弱有所扶上持续发力，一件事情接着一件事情办，一年接着一年干，使人民群众获得感、幸福感、安全感更加充实、更有保障、更可持续。习近平总书记指出："只有坚持以人民为中心的发展思想，坚持发展为了人民、发展依靠人民、发展成果由人民共享，才会有正确的发展观、现代化观。"[1] 以往的现代化，不论是在理论阐释上还是实践探索中，都把外部性的规则秩序或内生性的精神意识看作人类文明发展的基础前提或核心要义，都没有真正把人放在人类文明发展的正确位

---

[1]《习近平著作选读》第二卷，北京：人民出版社，2023年，第407页。

置。中国式现代化始终坚持以人民为中心的发展思想，将人置于现代化发展的核心位置上，创新了人类文明发展的根本立场、行动主体和价值追求。

中国式现代化以新的文化生命体形态诠释了人类文明发展应当是内在协调一致的发展。在西方现代化叙事的影响下，物质文明往往被置于理解人类文明的聚光灯下，相应地，物质文明的进步经常被片面地看作人类文明发展的重中之重。这导致很多西方国家或者以西方国家为发展模板的国家，极致地追逐经济增长和效率优先，不同程度地陷入了物质主义泛滥、利己主义盛行、人的精神坍塌、社会道德滑坡和社会价值失序等困境。正如前文所述，从人类发展演进的规律来看，人类文明的形成与发展过程不只是通过物质文明创造来单向度地呈现，而是通过涵盖各个领域的文明创造协调发展来总体性地呈现。中国式现代化的一大突出亮点，即"我们坚持和发展中国特色社会主义，推动物质文明、政治文明、精神文明、社会文明、生态文明协调发展，创造了中国式现代化新道路，创造了人类文明新形态"[1]。首先，我们党将这种协调性的人类文明发展理念融汇于中国式现代化的总体施工图中。党的十八大将中国特色社会主义的总布局概括为"五位一体"，党的十九大和二十大都明确中国特色社会主义事业的总体布局是全面推进经济建设、政治建设、文化建设、社会建设和生态文明建设。其次，我们党带领人民按照这

---

[1]《习近平著作选读》第二卷，北京：人民出版社，2023年，第483页。

种协调性的人类文明发展理念推进了中国式现代化的实践创新。在物质文明建设方面，坚持和完善社会主义基本经济制度，努力构建高水平社会主义市场经济体制，大力推动建设新发展格局和现代化经济体系，基本实现新型工业化、信息化、城镇化、农业现代化；在政治文明建设方面，坚持中国特色社会主义政治制度自信，发展全过程人民民主、推进国家治理体系和治理能力现代化、加快建设法治中国，坚定不移走中国特色社会主义政治发展道路；在精神文明建设方面，坚持中国特色社会主义文化发展道路，增强文化自信，围绕举旗帜、聚民心、育新人、兴文化、展形象建设社会主义文化强国，不断提升国家文化软实力和中华文化影响力；在社会文明建设方面，坚持在发展中保障和改善民生，不断提升人民生活品质，在共建共治共享中推进社会治理现代化，维护社会和谐稳定，不断实现人民对美好生活的向往；在生态文明建设方面，牢固树立和践行绿水青山就是金山银山的理念，站在人与自然和谐共生的高度谋划发展，推进美丽中国建设，坚持走生产发展、生活富裕、生态良好的可持续发展道路。总体来看，在中国式现代化的生动演绎中，物质文明为基础，政治文明为保障，精神文明为支撑，社会文明为土壤，生态文明为条件。这些文明发展的构成部分相互促进、相互作用、良性循环，推动中国式现代化形成一种内在协调的人类文明新形态，更展现出人类社会在物质文明、政治文明、精神文明、社会文明、生态文明等领域全面进步的可行性，这必将为人类社会进步描绘更加美好的前景。

中国式现代化以新的文化生命体形态呈现了人类文明发展应当是交流互鉴、和谐共处的发展。"一花独放不是春，百花齐放春满园。"人类文明发展不应像西方"文明优越论""文明冲突论"所描述的那样恃强凌弱、一家独大、唯我独尊，甚至将自己的价值观和文明模式强加于人，大搞意识形态对抗。从人类文明发展演进的事实看，虽然不同文明之间在地理环境、发展历史、文化背景等因素作用下形成了具有差异性的表现形式，但不同文明在价值上并没有高低优劣之分。人类文明因多样而交流，因交流而互鉴，因互鉴而发展。与西方国家的文明观不同，中国始终坚持弘扬平等、互鉴、对话、包容的文明观，主张以文明交流超越文明隔阂，以文明互鉴超越文明冲突，以文明共存超越文明优越，提出尊重世界文明多样性、弘扬全人类共同价值、重视文明传承和创新、加强国际人文交流合作的全球文明倡议。我们党带领人民在探索中国式现代化道路的进程中，遵循着人类文明交流互鉴的发展规律，在坚定维护世界和平发展中谋求自身发展，又以自身发展更好维护世界和平发展，始终争当世界和平的建设者、全球发展的贡献者、国际秩序的维护者、公共产品的提供者，坚定不移推动构建人类命运共同体，创造了一种和平发展的人类文明新形态。习近平总书记强调："人类社会要持续进步，各国就应该坚持要开放不要封闭，要合作不要对抗，要共赢不要独占。在经济全球化深入发展的今天，弱肉强食、赢者通吃是一条越走越窄的死胡同，包容普惠、互利共赢才是越走越宽的人间正道。"[1] 作为负责任的大国，中国站在历史正确的一边，站在人类进步的一边，始终致力于建设一个持久和平、普遍安全、共同繁荣、开放包容、清洁美丽的世界，积极推动经济全球化朝着更加开放、包容、普惠、平衡、共赢的方向发展，积极参与全球治理体系改革和建设，积极参与国际事务和地区热点问题的政治解决，提出共建"一带一路"倡议，稳步推进碳达峰、碳中和的行动，并在全球气候变化、反贫困、反恐等领域发挥建设性作用。可以说，走和平发展之路的中国式现代化，倡导不同文明交流互鉴、和合共生，推动各国行天下之大道。这种和平发展的人类文明新形态，不仅造福了自身，更造福了世界，为人类文明发展提供了源源不断的和平力量、正义力量、普惠力量。

在第三届"一带一路"国际合作高峰论坛开幕式上的主旨演讲中，习近平总书记说道："我们追求的不是中国独善其身的现代化，而是期待同广大发展中国家在内的各国一道，共同实现现代化。"[2] 在人类文明发展的世界版图上，以往的现代化只是实现了少数人的现代化，全球已经实现现代化的国家总人口相加也只有近10亿。中国式现代化要实现的是14亿多人口整体迈入现代化，这在人类文明发展史上是前所未有的大事，也必将彻底改写人类文明发展的世界版图。中国式现代化在短时间内创造的发展奇迹也有力地证明，中国式现代化虽然起点低、起步晚，但

---

[1]《习近平著作选读》第二卷，北京：人民出版社，2023年，第214页。
[2]《习近平出席第三届"一带一路"国际合作高峰论坛开幕式并发表主旨演讲》，《人民日报》2023年10月19日。

速度快、优势大、劲头足，实现了后发型国家的成功追赶。中国式现代化正在逐渐改变人类文明发展的既有格局，不仅为广大发展中国家实现现代化注入了信心，也为广大发展中国家实现现代化提供了全新选择和有益借鉴。中国式现代化在遵循人类文明发展一般规律的基础上，立足中国的历史传统、社会制度、发展条件、外部环境等诸多因素，走出了一条文明发展新路。这表明，广大发展中国家完全可以在遵循世界现代化的一般规律和结合本国具体实际的基础上，走出属于自己的文明发展道路，形成具有本国特色的文明发展新形态，由此，既可以顺应人类文明进步趋势，又能够实现对西方文明发展模式的历史性超越。

总之，作为中国式现代化在文明形态上的形象表达，新的文化生命体承载着中国式现代化对人类文明发展重大命题的历史性解答。"对历史最好的继承就是创造新的历史，对人类文明最大的礼敬就是创造人类文明新形态。"[1] 随着中国式现代化的深入推进，新的文化生命体必将焕发出更加蓬勃的生命力，为人类文明的未来发展提供更多新的中国智慧和中国方案，引领人类文明走向新的历史高度。

---

[1] 习近平:《在文化传承发展座谈会上的讲话》，北京：人民出版社，2023年，第12页。

第六章

如何更好担负起新时代新的文化使命?

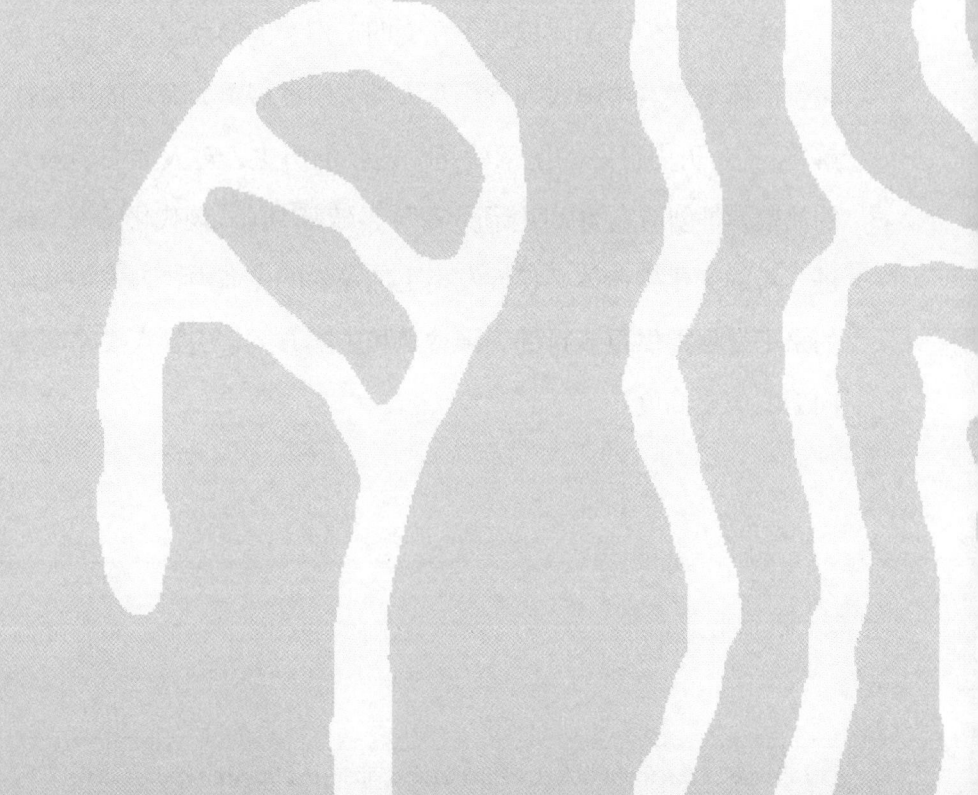

任何国家和民族的崛起，必然也包含一场深邃的文化革新和壮丽的文明飞跃。作为拥有深刻文化自觉意识的无产阶级政党，中国共产党实际上早已将创造具有民族性、科学性和大众性的中华民族新文化作为自身的神圣使命之一，积极推动着文化事业的繁荣和文艺创作的兴盛，其百年奋斗历程本身就是一部诠释着中华文明不懈奋进过程的壮丽史诗。随着对马克思主义中国化时代化规律性认识的把握逐渐深入，我们党对于推进文化建设的重要性和方向的洞知也日益达到新的高度。特别是党的十八大以来，以习近平同志为核心的党中央把文化建设摆在治国理政的突出位置，围绕新时代文化建设提出一系列新思想新观点新论断，形成了习近平文化思想。习近平文化思想既从理论层面对我们党领导文化建设的既往实践经验进行了科学总结，又立足于中华文明文化的发展与繁荣问题日渐得到中国乃至全世界关注和重视的客观背景展望未来，为我们在新时代新征程上继续开展文化建设提供了深刻遵循。

新时代新的文化使命不仅是中国共产党一以贯之的文化使命的时代写照，也是从文化愿景层面出发对新时代新征程上中国共产党使命任务的生动诠释。担负起新时代新的文化使命不仅是构筑民族复兴精神大厦的必经之路，也是丰富和发展人类文明新形态的必要途径。这就需要我们在实践中真正坚守好马克思主义这一"魂脉"和中华优秀传统文化这一"根脉"，实现"魂"和"根"的有机结合，以前者引领文化发展的航向、照亮文明前行的道路，以后者滋养民族的血脉基因、赋予我们深厚的文化认同。具体而言，习近平总书记在文化传承发展座谈会上着重强调了三个方面的方法论要求，即坚定文化自信、秉持开放包容和坚持守正创新。这三者紧密相连，构成一个逻辑严密、指向清晰的有机体系，既立足中国又放眼世界，既坚守本源又勇拓新局，为我们坚守好"魂脉"和"根脉"，从而共同努力创造属于我们这个时代的新文化，清晰地绘制出前行的蓝图与奋进的方向。

在坚定文化自信中实现自强

党的二十大报告指出："全面建设社会主义现代化国家，必须坚持中国特色社会主义文化发展道路，增强文化自信，围绕举旗帜、聚民心、育新人、兴文化、展形象建设社会主义文化强国，发展面向现代化、面向世界、面向未来的，民族的科学的大众的社会主义文化，激发全民族文化创新创造活力，增强实现中华民族伟大复兴的精神力量。"[1]何谓文化自信？简而言之，文化自信就是一个国家、民族、政党对自身所承载的文化理想、文化

---

[1] 习近平：《高举中国特色社会主义伟大旗帜　为全面建设社会主义现代化国家而团结奋斗——在中国共产党第二十次全国代表大会上的报告》，北京：人民出版社，2022年，第42—43页。

价值的深刻认同、充分肯定和积极践行，以及对相应文化中所蕴含的蓬勃生命力与无限创造力所抱有的深刻信念与美好展望。这种自信，是中国共产党文化自觉与文化责任意识的深刻体现。坚定中国特色社会主义道路自信、理论自信、制度自信，说到底是要坚定文化自信。这是因为倘若缺乏文化自信、缺少了先进文化的引领，人民的精神世界便难以得到极大丰富，民族的精神力量也难以得到持续增强，一个国家、一个民族由此便难以在全球舞台上稳固立足、绽放光彩。

中华民族向来就不缺乏文化自信的气度，文化自信的底气从根本上源自绵延不绝的中华文明。中国是一个伟大的国度，中华儿女是富有勤劳勇敢精神的优秀群体。在千百年来的奋斗实践中，智慧的中国人民凭借高度的主动性和创造性，铸就了灿烂辉煌的中华文化，塑造了源远流长的中华文明，形成了中华优秀传统文化这一"根脉"。良渚、二里头的文明曙光，殷墟甲骨的文字传承，三星堆的文化瑰宝，国家版本馆的文脉赓续……泱泱中华，历史何其悠久，文明何其博大，这便是我们的自信之基、力量之源。习近平总书记指出："有文化自信的民族，才能立得住、站得稳、行得远。中华文明历经数千年而绵延不绝、迭遭忧患而经久不衰，这是人类文明的奇迹，也是我们自信的底气。"[1]作为世界上最伟大的民族之一，中华民族在漫长的历史进程中保持着深厚的文化传统、丰富的精神活动、多彩的文化创

---

[1] 习近平：《在文化传承发展座谈会上的讲话》，北京：人民出版社，2023年，第10页。

造，孕育和发展了世界上唯一没有中断，一直延续发展至今的独特文明形态——中华文明。中华文明所具有的连续性、创新性、统一性、包容性与和平性等五方面突出特性，是由中华优秀传统文化中蕴含的社会理想、治理思想、大一统传统、家国情怀、精神追求、经济伦理、生态理念、哲学思想、思维方法、交往之道等各方面的重要元素所共同塑造出来的。在长期的历史演进过程中，从中华文明中孕育而出的中国人看待世界、看待社会、看待人生的独特价值体系、文化内涵和精神品质，彰显了中华民族区别于其他国家和民族的根本特征，也铸就了中华民族深厚的文化自信。近代以来，帝国主义列强用坚船利炮打开了中国的大门，外来力量和事物的不断涌入造成"国家蒙辱、人民蒙难、文明蒙尘"的悲惨命运骤然降临至古老东方民族的母体之上。这不仅导致中国被动式地融入了世界历史进程，更因猛烈冲击了中国人昧于时势、安于现状、惯于因循、耽于幻想甚至甘于自欺的精神状态，造成了中国人前所未有的精神危机。当"天朝上国"的美梦被击碎，面对古今中西文化的多元交融、激烈较量和复杂斗争，中国人的文化自信一度被大幅削弱，乃至在很多方面被颠倒为文化自卑。中国先进分子学来了西洋文化之外的马克思列宁主义这个新文化，成立了中国共产党。中国共产党以马克思主义这一"魂脉"来指导自身的实践，寻求中国从挫折中奋起、于变局中突围的路径，其中就包括认识和总结中华民族自身文化的优劣之处，并从许多方面将未被彻底摧毁的文化自尊转化为深沉的文化自省与自身文化发展提升的动力，进而在新的历史条件下重建文化自信，展现中华文明的独特魅力和价值。

因此，当代中国的文化自信本身就是"魂脉"与"根脉"交融的结果，具有深刻的理论意涵。在马克思主义经典作家那里，他们并没有对文化作出系统化、独立化的理论建构，也没有针对文化自信形成相关论述。党的十八大以来，习近平总书记富有创造性地把文化自信和道路自信、理论自信、制度自信并列为中国特色社会主义"四个自信"，强调文化自信是"更基础、更广泛、更深厚的自信""更基本、更深沉、更持久的力量"，强调绵延不绝的中华文明和历久弥新的中华文化是文化自信的根源，等等。这些相关论述不仅科学回答了什么是文化自信、为什么要坚定文化自信、怎样坚定文化自信等一系列重大的基础性问题，而且阐明了文化对于中国特色社会主义道路、理论、制度的深层支撑作用，揭示了文化自信对于国家和民族的特殊重要性。在习近平文化思想中，坚定文化自信也相应成为重要的原创性内容和有机组成部分。

从实践层面来看，坚定文化自信这一命题在中国特色社会主义新时代也得到了前所未有的关注和发展，我们的文化自信也相应达到了前所未有的高度，彰显着独特的魅力与风采。党在新时代带领全国各族人民昂扬奋进、积极进取，沿着坚定文化自信的道路阔步前行，促使我国的文化建设事业发生了显而易见的历史性变革，在建设社会主义文化强国的征途上取得了令人瞩目的历史性成就。比如，在宏观的战略谋划方面，我们把宣传思想文化工作作为党的一项极端重要的工作予以推进，对如何推进文化建设作出科学擘画，充分体现了坚持远景目标与近期目标的辩证统一、有机衔接，为在全面建设社会主义现代化国家新征程中推动建成文化强国提供了可行方案；再如，在具体的文化传承发展问题上，党的十八大以来形成了一系列新气象、打开了一系列新局面，社会主义文化强国建设扎实推进，公共文化服务体系不断健全，文化产业发展达到新高度，精神文化产品供给质量明显提升，全党全国各族人民文化自信明显增强，全社会凝聚力向心力极大提升，中华文化走出去的步伐明显加快，中华文化的国际影响力和感召力日益增强；还如，在更深层次的理论创新方面，我们极具创造性地提出和践行"第二个结合"，这标志着我们党对马克思主义中国化时代化发展规律、中华文明发展规律、中国特色社会主义建设规律、文化创新发展规律的认识更加深入。这些成就的取得建基于我们对"魂脉"和"根脉"的坚守，建基于我们坚定了文化自信，成就本身也在一定程度上促成了全局性的深刻变革，帮助我们积累了具有开创性的宝贵经验。这便充分彰显出坚定文化自信对于推动国家发展、社会进步的重要作用。

新时代新征程上，我们依然需要更加饱满的文化自信。只有继续坚定文化自信，我们才能真正坚守好"魂脉"和"根脉"，不断提升自身文化的竞争力和影响力，进而在多元文化的交流中保持自身的独立性和独特性，既不妄自菲薄也不妄自尊大，真正意义上实现文化自强。在此基础上，文化自信和文化自强将会有助于促进全党全国各族人民的志气、骨气和底气得到不断增强，不断提振在新的历史起点上更好担负起新的文化使命的信心和勇气，从而继续推动文化繁荣、建设文化强国，使文化成为国家兴旺、民族强盛的不竭源泉，让中华文化的璀璨光芒不仅照亮中华民族伟大复兴的征途，同时也照亮世界、温暖人心。

对此，首先必须牢牢把握坚定文化自信的鲜明指向和首要任务。习近平总书记指出："坚定文化自信，就是坚持走自己的路。坚定文化自信的首要任务，就是立足中华民族伟大历史实践和当代实践，用中国道理总结好中国经验，把中国经验提升为中国理论，既不盲从各种教条，也不照搬外国理论，实现精神上的独立自主。要把文化自信融入全民族的精神气质与文化品格中，养成昂扬向上的风貌和理性平和的心态。"[1]"坚定文化自信，是事关国运兴衰、事关文化安全、事关民族精神独立性的大问题。"[2]在新时代新征程上坚定文化自信，关键就在于坚持走自己的路、实现精神上的独立自主，从而不断为中国式现代化筑牢坚实文化根基、培育有利精神条件，不断增强全党全国各族人民的信心和决心。从一般意义上来说，每个国家和民族的历史传统、文化积淀、基本国情都有所不同，所选取的发展道路也必然应当包含和体现自己的特色。如果一个国家和民族总是跟在别人的后面亦步亦趋，拿来别国的模式照搬照抄，注定是没有出息也没有出路的，最终也必将造成难以挽回的历史性错误。从自身的特殊

---

[1] 习近平：《在文化传承发展座谈会上的讲话》，北京：人民出版社，2023年，第10页。
[2]《习近平著作选读》第一卷，北京：人民出版社，2023年，第536页。

方面来说，中华文明本身就是世界上唯一绵延不断且以国家形态发展至今的伟大文明。中华文明的连续性更是从根本上决定了中华民族必然走自己的路，走出一条不同于其他国家和民族的文明发展道路。

由此，我们在坚定文化自信的基础上回归中华民族独特的文化传统和历史命运，便成功勘定了适合自己特点的发展道路，这条道路就是中国特色社会主义道路。"如果没有中华五千年文明，哪里有什么中国特色？如果不是中国特色，哪有我们今天这么成功的中国特色社会主义道路？"[1]我们开辟了中国特色社会主义道路并不是偶然的，而是由我国历史传承和文化传统决定的。实践证明，正是因为坚定了文化自信、坚持了"两个结合"，我们才能更好地在马克思主义的理论指导下以宏阔深远的历史纵深从五千多年中华文明史中开辟出中国特色社会主义道路，进而才取得了当代中国极具历史意义的伟大变革和巨大成就。这些伟大变革和巨大成就又将激励我们进一步以独立自主为指引，继续坚定文化自信，如此便形成了以文化自信促进自己的路行稳致远的良性循环。

在解决了"道路"这一问题的基础上，需要注意的是，真正实现精神上的独立自主，还离不开满足两方面的必要条件。一方面是必须更有定力地推进马克思主义中国化时代化。近代以来，随着列强入侵和民族危机的日益加重，中华民族的独立自主

---

[1]《习近平谈治国理政》第四卷，北京：外文出版社，2022年，第315页。

性受到了巨大打击，中华优秀传统文化这一"根脉"显得暗淡无光，国民文化心态的崩塌日渐加剧，"事事不如人"的民族自卑在相当一部分人群中弥漫。无数仁人志士尽管不断寻求救国救民的"济世良方"，但都无法从根本上医治中华民族的沉疴宿疾。直到十月革命一声炮响给中国送来了马克思列宁主义，掌握了这一强大思想武器的中国人开始在精神上从被动转向主动，可以认为正是马克思主义这一"魂脉"重新激活了国人的精神世界。这样的精神世界始终保持着旺盛活力，离不开中国共产党在一百多年里始终发扬历史主动精神和历史创造精神，团结带领中国人民在发挥主观能动性改造社会历史的实践中，不断推动马克思主义中国化时代化取得一次又一次成功，促使中华民族的精神面貌发生了翻天覆地的变化。面对世情、国情、党情的深刻变化，我们党在新时代新征程上继续推进马克思主义中国化时代化的任务不是轻了，而是更重了。因此，我们深刻回顾马克思主义中国化时代化的既往成功实践，总结其中所蕴含的宝贵经验，更加主动地以马克思主义为指导对中华民族五千多年文明宝库进行全面挖掘，用马克思主义这一"魂脉"激活中华优秀传统文化这一"根脉"中富有生命力的优秀因子，并赋予其以更新的时代内涵，同时将中华民族的伟大精神和丰富智慧更深层次地注入马克思主义。这便是在坚定文化自信中有效地促使马克思主义的思想精髓与中华优秀传统文化的内容精华实现联通贯通，在具有独立自主属性的基础上开辟马克思主义中国化时代化新境界。

另一方面则是必须加快建构中国自主的知识体系。"加快构建中国特色哲学社会科学，归根结底是建构中国自主的知识体系。"[1] 人类历史上凡是影响深远的文明，都有其独特的知识体系。坚持和发展中国特色社会主义、推进中国式现代化属于人类历史上颇为宏大且具有独特性的实践创新，需要我们在实践和理论层面不断进行探索，不断从感性认识上升到理性认识，再从理性认识出发，以此来指导改造主观世界和客观世界的实践活动，也就是用发展着的理论指导发展着的实践。面对世界话语体系、学术体系、学科体系的新变革，我们必须站稳中国立场，并积极以中国为观照，立足中国实际来解决中国问题，加快建构中国自主的知识体系。这本身需要我们坚定文化自信，在精神上摆脱对他人知识、话语等文化层面内容的依附。而这样的知识体系又将因具备自主性，带有鲜明的中国特色、中国风格、中国气派，从而有助于促使中国特色哲学社会科学屹立于世界学术之林，在为人类社会走向更美好的未来提供更多中国智慧、中国方案中促使我们越发坚定文化自信、实现精神上的独立自主。

文化自信的不断增强，则有赖于文化主体性不断得到巩固，正如习近平总书记所指出："任何文化要立得住、行得远，要有引领力、凝聚力、塑造力、辐射力，就必须有自己的主体性。中国共产党历来重视文化，新时代我们在道路自信、理论自信、

---

[1]《坚持党的领导传承红色基因扎根中国大地　走出一条建设中国特色世界一流大学新路》，《人民日报》2022年4月26日。

制度自信的基础上增加了文化自信。文化自信就来自我们的文化主体性。"[1]中华民族的文化主体性是中华民族区别于其他民族的文化基因、精神品质以及独特的价值体系。巩固中华民族的文化主体性不仅是增强文化自信自强的根本依托，也是铸就中国特色社会主义文化新辉煌的必然要求。具体来说，离不开从两方面着力。一是要进一步用好"两个结合"这个最大法宝。"在五千多年中华文明深厚基础上开辟和发展中国特色社会主义，把马克思主义基本原理同中国具体实际、同中华优秀传统文化相结合是必由之路。"[2]在新时代新征程的前进道路上，唯有秉持高度的思想自觉与文化主动意识，深入挖掘并巧妙运用中华优秀传统文化中蕴含的宝贵资源和丰富元素，方能赋予中华文明以崭新的时代风貌与蓬勃的生机活力。这不仅是对历史的尊重与传承，对既往文化辉煌的致敬，更是面向未来的创新与发展。在不断挖掘与提炼、持续创新与融合中造就的新的文化生命体和新的文明形态，既根植于深厚的文化土壤、承载着历史的厚重，又闪耀着现实的光芒、展现出鲜明的时代特色，定然焕发出勃勃生机与无限活力。在这一过程中，中国精神、中国价值、中国力量将得以被构筑并不断强化，成为我们坚定文化自信、推动文化繁荣的坚实基石和强大动力。如此，我们方能在新时代新征程中，以更加自信的姿态，向世界展示中华文化的独特魅力与深远

---

[1] 习近平：《在文化传承发展座谈会上的讲话》，北京：人民出版社，2023年，第8页。
[2] 习近平：《在文化传承发展座谈会上的讲话》，北京：人民出版社，2023年，第5页。

影响，从而获得在中华民族伟大复兴征途上勇往直前的强大精神力量。二是要不断增强历史自信。习近平总书记指出："坚定文化自信，离不开对中华民族历史的认知和运用。"[1]历史是一面镜子，鉴古方能知今，学史方能明智。历史与文化从来都不是相互割裂的，中华文化是从中国历史中传承发展而来的，同时也赋予中国历史以鲜明的文化底蕴。增强历史自信离不开以唯物史观为理论依据，秉持大历史观去观照过去、回顾历史，形成对历史的正确认知。这一点并非针对历史研究、历史书写等某一个具体方面而言的特殊要求，而是应当贯穿于整个宣传思想文化工作的全局之中，成为一种普遍化准则。一段时间里，历史虚无主义和文化虚无主义思潮甚嚣尘上，在国内国外、网上网下出现了贬损中华文化、歪曲中国历史、攻击中华民族的错误言论，在一些文艺作品中出现了戏弄历史、亵渎祖先、亵渎经典、亵渎英雄的扭曲剧情和负面形象，严重消解了受众的文化自信和历史自信。对于这些错误言行，我们必须坚决予以批驳斗争，敢于正面交锋，同时要大力弘扬正确历史观，推动全社会在尊重历史、牢记历史的基础上坚定历史自信和文化自信。具体来说，既需要系统深入地开展历史和文化研究，发扬中华民族重视历史、研究历史、借鉴历史的优良传统，在对历史的深入思考中深刻把握历史规律、汲取历史智慧；也应当充分挖掘和利用丰富多彩的历史文化资源，运用好博物馆、纪念馆等文博场所，把凝结着中华

---

[1]《习近平著作选读》第一卷，北京：人民出版社，2023年，第538页。

优秀传统文化元素的文物保护好、管理好，同时对其加强研究和利用，让文物说话，丰富全社会的历史文化滋养。在了解中华民族历史、秉承中华文化基因的基础上，大众得以不断增强自身的民族自豪感和文化自信心。

坚定文化自信，理应成为新时代中华民族的气质品格，促使中华儿女以自强的态度勇担文化使命。中华民族素有文化自信的气度，以强大的文化创造力创造出辉煌的成就。历史学家通过考辨发现，中华民族的文化自信从"中华""华夏"的自我称谓中可见一斑："盖以'华'自诩，犹以'夏'自称，犹以'中'自勉。国于大地，必有与立。中也，华也，夏也，亦吾先民所啧啧自诩，斤斤自号，黾黾自勉，而为文化之胚胎者。"[1]时代潮流滚滚向前，经过长期努力，中国特色社会主义进入了新时代，意味着中华民族迎来了从站起来、富起来到强起来的伟大飞跃，中华民族伟大复兴进入了不可逆转的历史进程。担负起新时代新的文化使命是实现中华民族伟大复兴历史使命的重要组成，也是整个中华民族的共同事业，离不开千千万万中华儿女勠力同心，在坚定文化自信的基础上，不断从中华文明构成的独特内容体系，特别是中华优秀传统文化这一"根脉"中汲取养分和力量，为理想信念、价值理念、道德观念等方面提供丰厚滋养，推动形成昂扬向上的社会风貌和自立自强的社会心态，从而充分激发全民族的文化自信，形成担负起新时代新的文化使命、推进强

---

[1] 陈登原：《中国文化史》上册，北京：商务印书馆，2014年，第8页。

国建设和民族复兴伟业的强大精神动力！

二

在秉持开放包容中焕发活力

任何一种优秀的文明，无论是植根于哪个国家、哪个民族的社会土壤之中，其本身皆展现出流动不息与开放包容的特性。这是优秀文明传播与发展的内在规律，也是促使文明之树常青、文明之河长流的恒定法则。在长期的历史演化进程中，中华文明通过与其他各种文明的相遇和对话汲取了丰富的营养，同时也慷慨地为世界文明进步贡献着力量，从而焕发出持久的生机与活力。新时代新征程上，我们担负起新的文化使命，同样需要秉持开放包容的态度，以海纳百川的宽广胸怀容纳来自四面八方的文化支流，破除文化交往过程中客观存在的无形壁垒。在此基础上，对应形成兼收并蓄、择善而从的行动准则，不断欣赏、学习和融合其他文明的精华，让这些宝贵的养分如同春雨般滋润着中华文明的现代形态，继续为其注入源源不断的生机与活力。

开放包容本身即文明繁荣进步的主基调，这一点是我们在纵观人类社会发展史的基础上得到的深刻启示。习近平总书记指出："一切生命有机体都需要新陈代谢，否则生命就会停止。文明也是一样，如果长期自我封闭，必将走向衰落。交流互鉴是文明发展的本质要求。只有同其他文明交流互鉴、取长补短，才能保持旺盛生命活力。"[1]数千年来，世界各国、各地区、各民族皆以自身独特的笔触绘制着绚烂多彩的文明长卷，最终创造出具有各自地域特色、民族特色的文明。从古代的中华文明之深邃、希腊文明之智慧、罗马文明之秩序、埃及文明之神秘、两河文明之悠久、印度文明之广博，到今日的亚洲文明之温婉、非洲文明之热烈、欧洲文明之典雅、美洲文明之丰富、大洋洲文明之纯净，人类文明如同万花筒一般绚丽多姿，这种多样性赋予了整个世界以姹紫嫣红的色彩，各种文明共同营造了人类文明百花园的斑斓图景。人类的文明是一条宽阔的河流，是百花齐放、百舸争流的复数，而不是定于一尊、一成不变的单数，因此它拒绝单一与静止，拥抱多元与流动。各个国家、民族和地区的文明都有自己的本色、长处、优点，承载着自身的独特韵味，恰如河流中的每一滴水珠都闪烁着自身独特的光芒。不同的文明之间并没有高下、优劣之分，唯有特色、地域之别，它们在相互映照之中共同组成了人类文明这幅整体画卷。任何一种文明，不管产生于哪个国家、哪个民族的社会土壤之中，其本身都是时代与地域的结晶，并且往往是流动的、开放的，汲取着来自四面八方的养分。推进人类各种文明交流交融、互学互鉴，是让世界变得更加和谐美好、让各国人民生活变得更加丰富多彩的必由之

---

[1] 习近平:《深化文明交流互鉴 共建亚洲命运共同体——在亚洲文明对话大会开幕式上的主旨演讲》，北京：人民出版社，2019年，第7页。

路。相反，若是选择了自我封闭、唯我独尊，人为地筑起小院高墙、制造交流障碍、阻滞文明交往，不仅违背了文明繁荣进步的内在规律，也违背了世界人民对于合作交流、携手共赢的热切渴望。新时代中国共产党人审时度势地提出弘扬和平、发展、公平、正义、民主、自由的全人类共同价值，提出全球发展倡议、全球安全倡议、全球文明倡议，并致力于构建人类命运共同体。这一系列倡议与理念，就是中国共产党和中国人民顺应人类社会发展和文明繁荣进步的规律和潮流向世界传递的强烈信号：我们有信心和决心与世界各国人民携手并肩，不断加强文明交流互鉴，共同推动人类文明之舟乘风破浪，驶向更加辉煌的明天。

对一切国家和民族而言，秉持开放包容的态度，有助于更加坚定文化自信。开放包容意味着在尊重和理解文化文明的多样性和差异性的基础之上，愿意以接纳和欣赏的态度对待不同文化文明的独特之处。这样的态度有助于各个国家和民族在不断学习、吸收与融合其他国家和民族的文化文明精华的过程中，实现对自身文化文明内涵的丰富和发展。在相应的过程中，这样的国家和民族不仅能够对世界形成更为全面化的认知，同时也会在比较、互动与互鉴中更加清晰地发现自身文化文明的独有魅力和显著价值，由此实现对狭隘的文化文明视野的突破，站在全世界、全人类的高度，以颇为宽广的胸怀和视野对传承弘扬自身文化文明的问题加以审视和考察。所以，开放包容的态度不仅不会削弱自身的文化自信，反而会使我们更加清晰地认识自身的文化，从而坚定地相信自己的文化，并且更加乐于向世界展示和传播自己的文化，使自身文化的活力得到进一步彰显。同时，这种文化自信也会促使我们更加积极主动地参与国际文化的交流与合作事业，为推动文化文明的多样化发展繁荣贡献自身的力量。习近平总书记指出："只有充满自信的文明，才会在保持自己民族特色的同时包容、借鉴、吸收各种不同文明。"[1] 从这层意义上出发，各国各民族都应该虚心学习、不断吸收、积极借鉴其他国家和民族思想文化的长处和精华，这俨然已经成为增强本国本民族思想文化自尊和自信的重要条件。

回顾中华民族发展史，开放包容也是中华文明繁荣发展的动力之源。自古以来，中华民族就拥有"天下大同""协和万邦"的崇高理念和宽广胸怀，体现出自身追求和谐、包容与共赢的精神特质，以及对于不同文化文明的理解和尊重。这不仅是中华优秀传统文化的重要组成部分，同时也是中华民族在对外交往中一贯坚持的基本原则，促使自身自信而又大度地开展同域外民族的文化文明交往和交流，正如习近平总书记所指出："中华文明自古就以开放包容闻名于世，在同其他文明的交流互鉴中不断焕发新的生命力。"[2] 西汉时张骞"凿空"西域，促使河西走廊这条绵延在黄河以西的窄长通道成为金戈铁马的征途、商旅绵延的古

---

[1]《习近平关于社会主义精神文明建设论述摘编》，北京：中央文献出版社，2022年，第228页。

[2] 习近平：《把中国文明历史研究引向深入　增强历史自觉坚定文化自信》，《求是》2022年第14期。

道、中西文化交融碰撞的国际通道,开启了千年丝绸之路的繁华;唐代高僧玄奘西行五万里,历经艰辛到达印度佛教中心那烂陀寺取真经,在所著述的《大唐西域记》中记录了西域百余个国家的地理、物产、习俗等。从历史上的佛教东传、"伊儒会通",到近代以来的"西学东渐"、新文化运动、马克思主义传入中国,再到改革开放以来的全方位对外开放,中华文明始终在兼收并蓄中历久弥新。中华文明五千多年发展史充分说明,无论是物种、技术,还是资源、人群,甚至于思想、文化,都是在不断传播、交流、互动中得以发展、得以进步的。突出的包容性绘就了中华文明博大精深、绵延至今的恢宏气象,展现出独树一帜的文明魅力、澎湃不息的文明活力、不可阻挡的文明张力。中华文明的开放包容、兼收并蓄,于内开启了各民族交往交融的历史实践,造就了中华民族向内凝聚、多元一体的发展大势;于外促进了中华文明同其他文明交流互鉴,在促进中华文明繁荣进步的同时极大丰富了世界文明百花园。

一方面,开放包容决定了中华民族交往交流交融的历史取向。习近平总书记指出:"中华文明博大精深、源远流长,是由各民族优秀文化百川汇流而成。"[1]我国是统一的多民族国家,在数千年的历史长河中,各民族共同开发了祖国的锦绣河山、广袤疆域,共同书写了悠久的中国历史,共同创造了灿烂的中华文化,共同培育了伟大民族精神。一部中国史,就是一部各民族

---

[1] 习近平:《加强文化遗产保护传承 弘扬中华优秀传统文化》,《求是》2024年第8期。

在交融汇聚中形成多元一体的中华民族的历史，就是各民族共同缔造、发展和巩固统一的伟大祖国的历史。比如，在唐太宗时期，"自古皆贵中华，贱夷狄，朕独爱之如一"的开明民族政策，加之强盛的国力、先进的文化、繁荣的社会，吸引周边族群纷至沓来，其中有蕃将、使者、商人等等，他们共同绘就了绚丽多彩的盛唐气象。各民族之所以紧密相依、团结融合，多元之所以聚为一体，形成绚烂多彩的和谐画卷，源自中华民族追求团结统一的内生动力。这股动力促使各民族在文化上相互借鉴、共同繁荣，在情感上相互亲近、心心相印，在此基础上又促进了经济上的相互依存、彼此支撑。正因为如此，中华文明才具有无与伦比的非凡包容力和吸纳力，从而在历史的长河中历久弥新，根深叶茂，展现出勃勃生机。也正因为如此，当担负起新时代新的文化使命时，我们必须顺应中华民族从历史走向未来、从传统走向现代、从多元凝聚为一体的发展大趋势，深刻理解把握中华文明的包容性这一突出特性，在新的历史起点上继续重视以开放包容的态度不断构筑中华民族共有精神家园，为铸牢中华民族共同体意识奠定坚实的精神和文化基础。

另一方面，开放包容也决定了中华文化对世界文明保持兼收并蓄的博大胸怀。中华文明是在中国大地上产生的文明，也是对世界其他文明采取兼收并蓄态度的文明。中华文明之所以能够形成宽阔的格局、积蓄起丰富的内涵，也离不开自身所具备的包容性。在漫长的历史进程中不断吸纳外来文化的精华，俨然属于成就中华民族精神特质和意志本色的突出原因和重要路径。中国自古以来便是一个注重"和而不同"、兼容并包的国家,《论语·为政》中便有言"攻乎异端,斯害也已",可以说这便是从思想根源上阐明了中国不可能走向"攻乎异端"、冲突对立的道路。回顾中华文明的对外交往实践,无论是张骞出使西域,还是鉴真东渡,抑或是郑和下西洋,都未曾带有殖民目的与霸权行径,而是以一种协和万邦的姿态开展友好的文化文明交流,最终形成了如费孝通先生所说的"美美与共"的文明共生局面。历史上的中华文明以海纳百川的开放姿态,兼收并蓄、和而不同的文化观念,融合外来文明,实现交流互鉴,使开放包容成为中华文明亘古通今的鲜明立场;在此基础上,又构成了对文化文明的创新和发展。譬如,产生于古代印度的佛教在传入中国后经历了长期演化,实现了同中国传统的儒家文化和道家文化的融合发展,最终形成了具有中国特色的佛教文化,给中国人的宗教信仰、哲学观念、文学艺术、礼仪习俗等带来了深刻影响。中国人根据中华文化发展了佛教思想,形成了独特的佛教理论,还促使佛教从中国传播到了日本、韩国以及东南亚等地。中国社会对包括外来宗教、本土宗教、民间信仰等在内的宗教信仰所持有的较高宽容度,促进了各种宗教信仰深深嵌入拥有五千多年历史的中华文明,深深融入社会生活,多元并存、平等相待、和睦相处。在文化多元化的当下,世界文明的交流融合已经成为不可逆转的历史大势,对此我们更是需要从本国、本民族的实际出发,以批判的精神兼收并蓄、取长补短、择善而从,以此来丰富和发展中华文化,不断增加中华文化的广度和厚度,提升其国际影响力,在此基础上为世界文化文明宝库贡献中国智慧和中国方案。

担负起新时代新的文化使命，继续秉持开放包容的态度，就需要更为有力地破解"古今中西之争"。"古今中西之争"，指的就是在中国现代化进程中究竟应该如何处理古代文化与现代文化，以及中国文化与西方文化之间关系的问题。习近平总书记指出："经过长期努力，我们比以往任何一个时代都更有条件破解'古今中西之争'，也比以往任何一个时代都更迫切需要一批熔铸古今、汇通中西的文化成果。"[1]适应时代要求，更为有力地破解"古今中西之争"，从总体上来说就需要继续秉持开放包容的态度和品格，坚持以我为主、为我所用的原则，在实践中贯通古今、融汇中外，更加积极主动地学习和借鉴人类优秀文明成果，不断推进马克思主义中国化时代化、优秀传统文化现代化、外来文化本土化，不断培育和创造新时代中国特色社会主义文化。

继续秉持开放包容的态度，有力地破解"古今中西之争"，最为直接的表现就是积极主动地学习和借鉴人类创造的一切优秀文明成果。激发人们内心深处的创新创造火花，最为直观而富有成效的方法莫过于跨越文明界限走入不同文明，在发现别人的优长、汲取他人的智慧之光中启发自己的思维。习近平总书记指出："今天，我们要铸就中华文化新辉煌，就要以更加博大的胸怀，更加广泛地开展同各国的文化交流，更加积极主动地学

---

[1] 习近平：《在文化传承发展座谈会上的讲话》，北京：人民出版社，2023年，第11页。

习借鉴世界一切优秀文明成果。"[1]历史长河中的无数实例已经表明，中华文明在广泛开展文明交流互鉴中实现了丰富充实和繁荣进步，这一"历史的铁律"时至今日仍然熠熠生辉，未来亦将永续流传。马克思主义同样是不排斥一切真理的开放的理论体系，同样具有海纳百川的胸怀与品格。列宁曾经深刻指出："马克思主义这一革命无产阶级的意识形态赢得了世界历史性的意义，是因为它并没有抛弃资产阶级时代最宝贵的成就，相反却吸收和改造了两千多年来人类思想和文化发展中一切有价值的东西。"[2]沿着马克思主义这一"魂脉"和中华优秀传统文化这一"根脉"，中华文明在与人类其他文明的交流互鉴中不断展现自身独特的魅力，不仅有助于强化中华民族的文化自信与主体性，同时也将极大程度地彰显中华民族的开放胸襟与包容品质。值得明确的是，中华文明本身就是人类文明宝库中不可或缺的重要组成部分，深度凝结着人类智慧的精华。无论是从对内提升先进文化的凝聚力与感召力，还是从对外增强中华文明的传播力与影响力的角度来说，我们都需要具备跨越时空、融汇古今中外的视野与能力。唯有如此，我们才能真正将"古今中西之争"转化为"古今中西之合"，促使昔日的文化文明争论成为推动文化文明和谐共生的历史注脚，在携手共赢中共同写就人类文明的崭新篇章。

---

[1] 习近平：《在敦煌研究院座谈时的讲话》，《求是》2020年第3期。
[2]《列宁全集》第三十九卷，北京：人民出版社，2017年，第374页。

此外，还应当秉持开放包容的态度继续推进马克思主义中国化时代化，并不断培育和创造新时代中国特色社会主义文化。拥有马克思主义科学理论指导是我们党坚定信仰信念、把握历史主动的根本所在。实践永无止境，理论创新永无止境，认识真理永远不会完结。开展社会主义文化建设属于中国共产党所承担的重要职责和使命，对于满足人民群众日益增长的精神文化需求起着重要作用。中国式现代化的伟大实践，为党的理论创新开辟了无比广阔的前景，为社会主义文化建设铺设了无限宽广的舞台，但与此同时也给我们带来了更加艰巨而繁重的任务，提出了更加复杂而深刻的问题，其中就包括如何在党的理论创新以及社会主义文化建设中正确对待外来思想文化资源这一问题。在当今这个全球化深入发展的时代，不同社会制度间的碰撞、不同思想体系的交流交锋此起彼伏、日趋频繁。唯有避免故步自封、保守僵化的态度，以更加深邃的历史眼光、宽广的国际视野推进理论创新和文化建设，方能为担负起新的文化使命提供强大的思想支撑和丰富的精神滋养，引领我们在文化交流互鉴中更加自信地展现中华文明的独特魅力，为世界的多元发展贡献中国智慧与中国方案。但是，在秉持开放包容的过程中，也要避免食洋不化、失去自我的倾向，对此，主要应当牢牢抓住价值观念这一占据重要地位的因素，正如习近平总书记所指出："世界上各种文化之争，本质上是价值观念之争，也是人心之争、意识形态之争,正所谓'一时之强弱在力,千古之胜负在理'。"[1]如果没有共同的核心价值观,一个民族、一个国家就会魂无定所、行无依归。中华民族数千年历史生生不息、薪火相传、顽强发展的重要原因之一就是中华民族有一种共同的精神追求、精神特质、精神脉络。而当代中国之所以能够成功走出一条中国特色社会主义道路,取得举世瞩目的辉煌成就,背后也离不开中国特色社会主义价值观念作为有力支撑。因此,担负起新时代新的文化使命,无论是针对推进理论创新还是文化建设的问题,我们都需要在秉持开放包容态度的同时坚持以社会主义核心价值观为引领,寻找传统文化和现代生活的连接点,探求外来文化和本土实际的耦合之处。最终的目标,则在于坚定地站在中华文化的立场上,赓续中华民族的精神血脉,不断满足人民日益增长的美好生活需要,让文化的力量温暖每一个心灵、丰富每一天生活,同时在国际舞台上不断提升我国的文化软实力,让全世界看到一个更加自信而多彩的中国。通过这样的努力,我们就能够在"古今中西之合"中更加鲜明地构筑起中国精神的高地,彰显中国价值之深邃,最终汇聚起助推强国建设、民族复兴的强大文化力量。

---

[1]《习近平关于社会主义文化建设论述摘编》,北京:中央文献出版社,2017年,第105页。

三

在坚持守正创新中谱写华章

文明永续发展繁荣,不仅依赖世代间的薪火相传与精心守护,同时也离不开我们顺应时代潮流,勇于探索、推陈出新。习近平总书记指出:"对文化建设来说,守正才能不迷失自我、不迷失方向,创新才能把握时代、引领时代。"[1]守正创新是我们党在新时代治国理政的重要思想方法,是习近平新时代中国特色社会主义思想世界观和方法论的重要体现。在文化发展繁荣的问题上坚持守正创新,就是要尊重和继承文化的连续性,同时不断追求和弘扬推陈出新的变革精神,由此体现继承与发展的辩证统一、合规律性与合目的性的辩证统一。面对新时代新的文化使命,我们应当深刻领悟、全面把握守正创新的内涵意蕴与实践要求,以坚定的信念和昂扬的姿态赓续历史的辉煌文脉,并不断谱写当代的璀璨华章,让文化文明之光在新时代更加熠熠生辉。

在当下这一文明不断交织、文化多元并存的时代,只有做到守正,方能保持自我本色、明确前行方向。面对全球范围内各种思想文化激荡碰撞、不同文明间交流交融交锋日趋频繁的新形

---

[1] 习近平:《在文化传承发展座谈会上的讲话》,北京:人民出版社,2023年,第11页。

势，我们倡导文化自信与开放包容，并不意味着迷失自我、舍弃根本、丢弃底线，更不意味着照单全收、盲目接受、简单模仿。相反，在核心立场、发展方向、基本原则及前进道路等根本性问题上，我们更加需要旗帜鲜明、毫不含糊，着力正本清源、固本培元。这就要求我们做到守正，即坚守住文化意义上坚定的自我，牢固树立对于文化身份的自我认同，由此方能确保中华民族的文化之舟在多元文化的海洋中行稳致远，为担负起新时代新的文化使命奠定坚实的基础。

守正最基本的要求是守牢马克思主义在意识形态领域指导地位的根本制度。这是因为意识形态工作是为国家立心、为民族立魂的工作，决定文化前进方向和发展道路，深刻地影响着文化的每一次脉动与变迁，属于我们坚守"魂脉"和"根脉"、更好地担负起新时代新的文化使命的过程中必须重视的因素。"统治阶级的思想在每一时代都是占统治地位的思想。"[1]任何国家和社会都有占据统治地位的意识形态，意识形态领域的主导思想从来都是一元的，不能多元化。作为无产阶级科学世界观和方法论的有机统一，马克思主义是关于全世界无产阶级和全人类彻底解放的学说。当马克思主义跨越重洋与中国这片位于古老东方的土地相遇，并与中国共产党的诞生交相辉映时，它便大大地激发了中国人民在精神上的自主意识，并作为一股不可阻挡的真理力量引领中华民族朝着伟大复兴的宏伟目标奋勇

---

[1]《马克思恩格斯文集》第一卷，北京：人民出版社，2009年，第550页。

前行，正如毛泽东所指出："在'五四'以后，中国产生了完全崭新的文化生力军，这就是中国共产党人所领导的共产主义的文化思想，即共产主义的宇宙观和社会革命论。"[1] 习近平文化思想强调把巩固马克思主义在意识形态领域指导地位、巩固全党全国人民团结奋斗共同思想基础作为宣传思想文化工作的根本任务，把坚持马克思主义在意识形态领域指导地位的制度确立为中国特色社会主义制度体系的一项根本制度，着力建设具有强大凝聚力和引领力的社会主义意识形态。所以，坚持马克思主义，就是要时刻保持警惕，强化阵地意识，对于任何否定、攻击、污蔑、歪曲马克思主义的言行，都要坚定不移地予以回击，守护好真理与道义的净土。

同等重要的是，守正还必须做到守稳中国共产党的文化领导权和中华民族的文化主体性。马克思主义文化理论认为，文化不仅是精神层面的滋养，更有其突出的政治性和意识形态意义。从人类社会发展进程看，每当新兴阶级崛起时，它只有牢牢掌握文化领导权，才能通过文学、艺术、教育等具体的文化形态，确立和巩固自身在文化思想领域的统治地位与合法性、正当性。作为无产阶级的先锋队，马克思主义政党同样也是这个先进阶级文化事业的倡导者和引领者。共产党能否成功执政以及社会主义事业能否最终取得完全的胜利，从一定意义上来说，"问题'只'在于无产阶级及其先锋队的文

---

[1]《毛泽东选集》第二卷，北京：人民出版社，1991年，第697页。

化力量"[1]。对此，习近平总书记深刻指出："要旗帜鲜明坚持党管宣传、党管意识形态，让党的旗帜在宣传思想战线高高飘扬。"[2] 在中国共产党的领导下，我国宣传思想文化事业取得了显而易见的成就，迎来了前所未有的繁荣，中华民族的文化自信和文化主体性也得到前所未有的彰显与强化。宣传思想文化工作事关党的前途命运，事关国家长治久安，事关民族凝聚力和向心力，是一项极端重要的工作。如果离开了党的全面领导，党的文化领导权旁落，宣传思想文化工作就极有可能偏离正确方向、脱离正确轨道，就要犯无可挽回的历史性错误。因此，我们必须把宣传思想文化工作的领导权、管理权、话语权牢牢掌握在手中，并且不断致力于把坚持党的领导贯穿到党管宣传、党管意识形态、党管媒体、党管互联网等各方面，努力锻造一支政治过硬、本领高强、求实创新、能打胜仗的宣传思想文化工作队伍，如此方能为党的文化领导权保驾护航，从提供坚强政治保障的角度为中华民族的文化主体性注入不竭动力，引领中华民族文化文明事业的发展朝着更加辉煌的未来迈进。

在坚持了守正这一前提和基础之上推动创新，是在更深意义上坚持和发展了守正。创新是文化永葆生机的源泉，不断地

---

[1]《列宁全集》第四十三卷，北京：人民出版社，2017年，第67页。
[2]《习近平关于社会主义精神文明建设论述摘编》，北京：中央文献出版社，2022年，第10页。

为文化的繁荣与发展注入蓬勃生机。在新时代的广阔舞台上，更好地担负起新的文化使命，创造属于我们这个时代的新文化，不仅要在思想观念上破旧立新，更要在思维方式、行为方式、体制机制及工作方法等多方面实现全面而深刻的革新，真正意义上以创新增添文明发展与文明进步的动力，实现古为今用、推陈出新，实现传统与现代的有机衔接、交相辉映。在这样的过程中，中华文明将在继承与创新中不断前行，既保留了历史的厚重，展现出古老文明的深邃魅力，又在应对时代变迁中体现了无限可能与活力，焕发出现代社会的蓬勃朝气，最终以崭新的面貌展现在世界面前，闪耀着创新的光芒，铸就新的辉煌篇章。

推进文化建设，是一项长期性系统性工程，拥有科学的工作思路至关重要，推动创新的首要任务是在制定工作思路上谋创新。创新工作思路的首要前提，就在于持之以恒地解放思想，秉持实事求是的原则，紧跟时代步伐，坚持在传承中创新，在创新中坚守。这就要求我们不断投身于实践的土壤之中，并勇于进行理论探索，由此我们方能更加深刻地把握文化建设的内在规律。在这一过程中，必须深刻认识到习近平文化思想的重要指导作用，其中既包含文化理论观点上的创新和突破，也不乏文化工作布局方面的精准规划与明确要求，明体达用、体用贯通，为新时代文化建设绘制了一幅清晰的路线图，为文化强国建设的伟大征程提供了科学而坚定的指引。在其指引之下，我们创新文化建设思路时，不仅要怀揣着深厚的文化情怀以及强烈的使命担当意识，同时也必须具备灵活应变的智慧和勇气，坚持将因地制宜、精准施策贯彻到文化建设实践中。具体来说，就是要紧密围绕人民群众对精神文化生活的现实需要，充分利用各地的文化资源禀赋等优势条件，同时注重考量当地整体的文化发展水平等客观因素，兼顾全局与局部，打开思维的广度与深度。这样的努力有助于我们制定出既具有针对性又不乏前瞻性的文化发展规划与措施，并形成更多的可供复制、值得推广的成功经验，为文化事业的发展繁荣贡献新的力量。

谋创新的第二个着力点在于建构话语体系。这主要是缘于过去的一段时期内，文化领域中或多或少存在话语体系和知识谱系方面"以西释中""以西套中""以西代中"的尴尬状况。别人家的东西占大多数，自己的东西则少得可怜。毋庸置疑的是，来自外国的带有普遍意义的知识、话语、原理、方法等文化元素确乎对于中国的革命、建设和改革产生了一定的借鉴和启发作用。然而，随着实践的深入，落入西方话语体系的窠臼甚至陷阱，从而失去自主性、忽视原创性的危险也日益浮出水面。有文学家在评价中国的新诗时曾说"不要做个西洋人说中国话"，也不要让人误会"是翻译的西洋诗"。我们的话语体系创新既不能按照"英译中"粗暴搬运，也不能采取"文白互转"简单转化。换言之，话语的创新，不仅意味着相比中国的过去而言应当是新的，并且意味着相比西方的现在而言也要是新的。因此，我们应当以开放而审慎的心态，有批判地吸收中华文明和外来文明中的合理内核，针对新时代提出的新问题加以创造性综合、发展与重建，有效解决话语建构和转换的问题。我们加快形成中国自主的知识体系、话语体系、理论体系，不仅应当将其作为学术上的追求，更是应当视之为提升国际舞台上中国声音的力量与影响力的重要策略。我们努力提升自身的国际话语权，讲好中国故事，传播好中国声音，阐释好中国特色，为的是让更多人从这些生动、真实、富有魅力的故事中全面感受中国智慧与中国方案的独特魅力。在相应过程中，我们致力于打破少数国家长期以来在文化领域和话语体系上的垄断，这便是为构建更加多元、平等、包容的国际文化环境贡献了中国力量，为破除"文化霸权"与"话语霸权"的桎梏提供了坚实支撑。

丰富文化的表现形式也是谋创新的重要举措。对文化建设来说，创新形式就是要按照时代特点和要求，对那些时至今日依然具有借鉴价值的具体内容的陈旧表现形式加以改造，赋予其鲜活的时代气息和现代审美，即形成具有现代特色的表现形式，从而激活其生命力，使其紧跟时代的步伐。进行文化表现形式创新，要有学习前人的礼敬之心，更要有超越前人的竞胜之心，增强自我突破的勇气，抵制照搬跟风、克隆山寨，从而迈向更加广阔的创新天地。在当下这个文化事业加快推进、文化产业蓬勃发展的时代，各类文化产品如雨后春笋般涌现，各种表现形式交叉融合，特别是互联网、大数据、人工智能等新兴技术催生呈现方式、演绎手法和传播途径创新，拓宽了文化表现形式创新发展的空间场域。比如，运用虚拟现实、增强现实、混合现实等数字技术，对中华优秀传统文化进行时代化表达、多元化演绎，推动文化场域拓展，能够更好展现中华文化的魅力和韵味。与此同时，需要明确的是，形式的创新绝非空中楼阁，强调创新形式也绝不是要脱离现实、剥离内容。从根本上看，一切创作技巧和手段的更新换代最终都是为内容服务的。尽管科技发展、技术革新可以带来新的文化表达和渲染方式，但成果和作品的丰盈始终有赖于现实生活，始终离不开一定的思想和精神内核，正如习近平总书记所指出："对文艺来讲，思想和价值观念是灵魂，一切表现形式都是表达一定思想和价值观念的载体。离开了一定思想和价值观念，再丰富多样的表现形式也是苍白无力的。"[1]因此，在运用新的技术、新的手段丰富文化表现形式的同时，还要以之合理地激发创意灵感、丰富文化内涵、表达思想情感，引领文化的表现形式创新迈向一个内涵更加丰富、潜力更为无限的崭新境界。

展望未来，守正创新是创造无愧于我们这个新时代的新文化的根本法则。人类社会发展过程中的一切成就皆源自人的智慧与努力，文化的繁荣兴盛同样需要依靠人的不懈追求与不竭探索。在新时代新征程上，更好地担负起新的文化使命，核心在于激发人的创造力与激情，尤其是作为党在宣传思想文化领域生力军的文化工作者，他们担负着塑造民族灵魂、引领社会风尚的

---

[1]《习近平著作选读》第一卷，北京：人民出版社，2023年，第538页。

神圣使命，是文明传承和文化创新的桥梁。习近平总书记深刻指出:"新时代的文化工作者必须以守正创新的正气和锐气，赓续历史文脉、谱写当代华章。"[1]面对新的文化使命，广大文化工作者更加应当在党的文化建设旗帜下团结成"一块坚硬的钢铁"，共同发扬守正创新的正气和锐气，矢志不渝地做推进"两个结合"的忠实维护者和积极践行者，在这波澜壮阔的新时代文化建设中书写新的华彩篇章，不断促使文化的光芒照亮前行的道路。

广大文化工作者坚持守正创新的核心要义在于积极响应创造新时代新文化的使命召唤。古人言:"文章合为时而著，歌诗合为事而作。"所谓"为时""为事"，就是要发时代之先声，在时代发展中有所作为。文化工作者开展文化创作，倘若离开了生动的实践，脱离了社会的热烈脉搏，在恢宏的时代主旋律之外茕茕孑立、喃喃自语，最终只会被时代的洪流所淹没。一百多年来，在中国共产党的坚强领导下，广大文化工作者坚持与时代同步伐，与人民同呼吸、共命运、心连心，高擎民族精神火炬，吹响时代前进号角，矢志不渝投身革命、建设和改革事业，创造了源源不断、丰富多样的文化精品，对增强人民力量、振奋民族精神起到了重要作用。中国特色社会主义进入新时代以来，我国文化建设也迎来了前所未有的发展机遇。习近平总书记着眼党的宣传思想文化工作全局，先后主持召开文艺工作

---

[1] 习近平:《在文化传承发展座谈会上的讲话》，北京:人民出版社，2023年，第11页。

座谈会、党的新闻舆论工作座谈会、网络安全和信息化工作座谈会、哲学社会科学工作座谈会、文化传承发展座谈会等，多次在重要会议活动、重要指示批示、重要致信回信中，对包括文艺工作者、新闻工作者、哲学社会科学工作者、文博工作者、考古工作者、文化科研工作者等在内的广大文化工作者寄予深厚期望并提出明确要求，指出"一切有价值、有意义的文艺创作和学术研究，都应该反映现实、观照现实，都应该有利于解决现实问题、回答现实课题"[1]，进一步激发了广大文化工作者的创作热情与事业信心。当代中国正经历着我国历史上最为广泛而深刻的社会变革，也正在进行着人类历史上最为宏大而独特的实践创新，这种伟大实践必将给文化创新创造提供强大动力和广阔空间。强国建设、民族复兴的新征程也向广大文化工作者发出了召唤——坚定不移地用中国人所独有的思想深度、情感温度与审美高度，去创作既属于这个时代同时又具有鲜明中国风格的优秀作品，从而吸引、引导和启迪人民群众热情踏上充满光荣和梦想的征途。

在具体的文化创作中，广大文化工作者只有答好文化工作"为什么人的问题"，方能真正将守正创新的理念落到实处。人民是历史的创造者，一切成就都归功于人民，一切荣耀都归属于人民。人民也是文化创作的源头活水，马克思主义文化理论的

---

[1]《习近平关于社会主义精神文明建设论述摘编》，北京：中央文献出版社，2022年，第259页。

根本立场便是人民立场。只有坚守了这一立场,广大文化工作者才能为历史存正气、为世人弘美德、为自身留清名。毛泽东在延安文艺座谈会上就曾深刻指出:"为什么人的问题,是一个根本的问题,原则的问题。"[1]习近平文化思想更是贯彻坚持人民至上这一世界观和方法论的典范,强调人民作为历史的创造者,不仅是物质财富的创造者,也是精神财富的创造者;强调坚持党性和人民性相统一,把体现党的主张和反映人民心声统一起来;强调坚持以人民为中心的工作导向,把对党负责和对人民负责统一起来,把服务群众同教育引导群众结合起来,把满足需求同提高素养结合起来;强调坚持以人民为中心的创作导向,坚持为人民服务、为社会主义服务这个根本方向,把社会效益放在首位、社会效益和经济效益相统一,推出更多丰富人民精神世界、增强人民精神力量的优秀作品;强调坚持以人民为中心的研究导向,尊重人民主体地位,聚焦人民实践创造,形成为人民所喜爱、所认同、所拥有的理论。概言之,坚持以人民为中心的文化发展导向,坚持文化工作为了人民,就是要坚守中华民族的文化主体性,走进实践深处,观照当下中国人民的生活现实,表达群众心声,并从人民群众中汲取文化创作的无穷智慧。在此基础上创作出丰富多样的中国故事、中国形象、中国旋律,打造出更多思想精深、艺术精湛、制作精良的文化作品和文化产品,确保其真正为人民群众所喜闻乐见。只有如此,作品的精神高度、文化

---

[1]《毛泽东选集》第三卷,北京:人民出版社,1991年,第857页。

内涵、艺术价值才能得到提高，文化创作的目光才能足够广大和深远，朝向人类最先进的方面，指向人类精神世界的最深处，从而继续书写好文化兴盛与国运昌隆、民族强盛交相辉映的壮丽篇章！

结语

任何国家和民族的命运，无不与文明和文化紧密关联。马克思主义这一"魂脉"和中华优秀传统文化这一"根脉"为文明传承和文化发展所提供的滋养，不仅表现为满足人民日益增长的精神文化需求，从而促进人的全面发展，也表现为推进中国式现代化进程中物质文明和精神文明相协调，从而推动国家和民族的阔步前行。新时代新征程上，我们唯有深入把握"魂脉"与"根脉"的深刻意涵和内在关联，对于强国建设、民族复兴的精神支柱和文化底座形成更加清晰的认知，方能更好汲取深厚而强大的力量。

通过"第二个结合"，"魂脉"与"根脉"在有效贯通中铸就新的文化生命体，推动创立了习近平文化思想。这样的理论创新，聚变出新的理论优势，转化出新的理论力量，构成了强国建设、民族复兴进程中的重要一环。这不仅促使我们在坚定文化自信和历史自信中不断增强做中国人的志气、骨气、底气，更好书写新时代新征程的辉煌篇章，同时还促使我们在文化传承与文明发展中携手前行，更好书写人类文明和世界历史的崭新篇章。

需要强调的是，无论是马克思主义这一"魂脉"，还是中华优秀传统文化这一"根脉"，其本身的内涵都无比丰富，意蕴都极为深刻。所以，要想对本书所涉及的诸多问题形成更加全面、准确和深入的理解，离不开广大理论工作者继续进行探索。受制于时间和视野，本书所进行的工作难免存在一定缺憾和不足，留待后续研究予以弥补。

本书的撰写和出版工作得以顺利完成，要感谢中国青年出版社的精心组织。在本人拟定全书框架和内容要点之后，邵承旸、蔡方、郭小凡、刘翔宇、李晶、程丙、陈剑华参与了各部分创作，郭小凡协助本人完成了全书的统稿和修改工作。他们为本书的成稿作出了重要贡献，谨致谢忱！

是为记。

李冉

2025 年 1 月

图书在版编目（CIP）数据

魂脉与根脉：强国复兴的精神支柱和文化底座 / 李冉著 . —— 北京：中国青年出版社，2025.2（2025.8 重印）. —— ISBN 978-7-5153-7539-7

Ⅰ . D61；K203

中国国家版本馆 CIP 数据核字第 202435JZ97 号

中国青年出版社 出版 发行

魂脉与根脉：强国复兴的精神支柱和文化底座
李冉 著

出 版 人：张健为
总 策 划：陈章乐
责任编辑：尚莹莹
书装设计：今亮後聲 HOPESOUND 2580590616@qq.com
出版发行：中国青年出版社
社　　址：北京市东城区东四十二条 21 号
网　　址：www.cyp.com.cn
编辑中心：010-57350352
营销中心：010-57350370
印　　装：北京科信印刷有限公司
经　　销：新华书店
规　　格：700mm×1000mm 1/16
印　　张：13.25
字　　数：135 千字
版　　次：2025 年 2 月北京第 1 版
印　　次：2025 年 8 月北京第 2 次
印　　数：5001—8000 册
定　　价：58.00 元

如有印装质量问题，请凭购书发票与质检部联系调换
联系电话：010-57350337